パパは女子高生だった

女の子だったパパが最高裁で逆転勝訴してつかんだ家族のカタチ

前田 良 著

明石書店

はじめに――どこにでもいる、家族。

用意された服を着るのは嫌いだった。
指示された席に座るのは辛かった。

だけど、僕は自分の気持ちを言えなかった。かわりに、嘘をついてやり過ごした。居場所がないような気がして、辛かった幼少期。

小学校でピカピカのランドセルを背負っても、中学校で部活に明け暮れても、辛く苦しい気持ちは付いて回った。高校ではそれが倍増した。でも、自分をコントロールする術を少し覚えた。気の持ちようで、高校生活はなかなか楽しめた。

あの日、「3年B組金八先生」を見た時の衝撃は忘れられない。自分自身が何者かがわかった瞬間だった。

人生で最高の出会いもあった。あの日、あの場所で妻に出会わなかったら、今の僕はなかったといっていい。

妻と出会って、僕の人生はバラ色になった。

結婚するまでは遠距離恋愛。週末を楽しみに、せっせと働いた。結婚したのは二十代後半。プロポーズを受け入れてくれた時は、天まで届くほどに舞い上がった。

子どもも授かった。僕たち夫婦は、自分たちにできるやり方で「家族」をつくった。子育ては、とても楽しい。子どもと向き合う時間が、かけがえのない宝物になっていった。

僕の家族は、四人。僕、妻、二人の子どもたちの四人家族だ。どこにでもいる、家族。

ただひとつ。

たったひとつだけ、違ったことといえば、僕が女の子として生まれたということだった。

パパは女子高生だった ● 目次

第2章　父親になった僕

第1章　パパは女子高生だった

ボクのパパは、女子高生だった。

パパが生まれたのは、兵庫県のとある田舎町。一九八二年六月、雨のたくさん降る季節だった。

生まれた時、パパの身体は「女の子」だったんだよ。

だから、「女の子」の名前をつけられて、「女の子」としての戸籍がつくられた。

パパは「男の子になりたかった」

パパは、三人きょうだいの真ん中。お姉ちゃんと弟がいる。性格は、明るく元気で、天真爛漫。

パパは、おとなしかったお姉ちゃんより目立って、いつもにぎやかな空気の真ん中にいた。

パパは、物心ついた頃から、「女の子」の服を着ることや、女の子と呼ばれることが嫌で、いつも辛かったんだっ

て。

ある日、親戚の結婚式にスカートをはかされた。嫌で嫌で、今すぐにでも脱ぎ捨てたいと思ったけど、我慢していた。パパは今も、その日のことをよく覚えている。小さい頃の記憶がほとんどない中での、忘れられない思い出。


パパは、幼稚園に入園した。

身の周りでは、「変なこと」や「嫌なこと」があふれかえった。

何かあれば、まず「男の子」と「女の子」と、分けられた。はじめに、「男の子」の出席番号の早い子から。その後で女の子……と続く。

パパはこの頃から、「女らしく」「女の子なんだから」と、周りから言われ続けることになった。

「女の子なんだから、もっと女らしくしなさい」

「女の子なんだから、スカートをはきなさい」

「女の子なんだから、赤い服を着なさい」

「男の子みたいな格好せんと……」

自分のお父さんとお母さんに言われるんじゃなくて、周りの大人の人から言われていた。

こんな言葉を聞くのは、すごく嫌だった。

小学校に入学した時だって、当たり前のように赤いランドセルを背負わされた。パパは、赤より黒が好きだったから、本当は、黒いランドセルを背負って行きたかった。

だけど、自分の気持ちを言えずにいた。


パパはこの頃、男の子と遊ぶことが楽しくてしかたなかった。女の子と遊んでいた記憶は、ほとんどない。

でも、男の子と遊んでいたのは小学一年生くらいまで。男の子と遊ぶことがだんだん辛くなり始めたんだ。

学校の中では、男の子と女の子に分けられる場面がいっぱい。そのたびにパパは、いつもの遊び友達と違う列に並ばなければならなかった。自分は、他の男の子と違うんだと思い知らされ、気持ちの整理がつけられないまま、どんどん男の子たちから離れていった。

男の子と遊ばなくなったもうひとつの大きな理由は、身体が変わり始めたこと。男の子にはおちんちんがついていて、女の子にはない。女の子は胸がおっきくなって、生理っていうのが始まる。ママに聞いたことがある。「嫌だけど大事なことなんだよ」って。でも、大事なことだけど、パパにとっては辛いことだった。

生理が来るたびに「やっぱり自分は女の子なんだ……」って、パパは思ったんだ。自分の心と、突きつけられた現実とがズレたままのパパ。生理用品も自分で買うことができなかった。

身体が変わり始めると、どうしても、男の子だったらしなくていいことも、しなくちゃいけない。ブラジャーを着けたり、女の子用のパンツをはいたり。とても嫌だった。

本当はトランクスをはきたかった。

パパは、変わっていく自分の身体が嫌で、男の子といると自分だけ違うのが苦しくて、うらやましくて、どうにかなりそうだった。でも、女の子といると、ボーイッシュだったパパは、男の子と思われて、居心地がよかったんだって。

パパは、「男になりたい」と思っていた。

小学校の七夕会で短冊にこっそり、自分の素直な気持ちを書いたんだって。

「おとこになりたい」

それまで誰にも言えずにいた気持ちを、紙にならら書けた。一文字一文字に思いを込めて、丁寧に書いた短冊。お星さまには本当の気持ちを言えたんだね。

でも、心の中では、誰かに見つかって何か言われるんじゃないかと、ドキドキしながら飾っていた。

小学校に入ると、自分の身体のことを考えてしまう行事がいっぱいあった。とても嫌だったのは、五年生の時の自然学校で、みんなでお風呂に入らなきゃいけなかったことだ。辛くて悲しくて、パパは泣いたんだって。

でも、そんな気持ちを、先生にも友達にも言えなかった。

どんどんみんなの輪に入ることができなくなっていって、「早く帰りたい」「早く終わって」って思っていた。

六年生の修学旅行でも、お風呂にみんなで入らないといけなかったけど、五年生の時の経験もあって、少しは慣れたんだって。

プールの時間があった。

女の子用のスクール水着を着ることが嫌だったけど、プールで泳ぐことは好きだったから、水着は我慢して着て泳いでいたんだ。

夏休みは、プールより川へ泳ぎに行った。水着を着なくても、Ｔシャツを着て泳げたから。

パパは武装した！　バレたくなかった！

パパは、中学生になった。

学校での生活環境は、ガラッと変わった。

小学校は体操服だから、まだ気持ちは少し楽だった。しかし、中学校からは制服。スカートをはかないといけなくなった。

一年生の時の体育の時間は、女の子はブルマっていう、緑色のパンツみたいなものをはかなきゃいけなかった。スカートをはくことが嫌で、学ランを着て過ごしたかったけど、先生には言えなかった。

体育祭では、フォークダンスがあった。制服を着て、踊るパートナーは、当然男の子。

パパはその頃、かずちゃんという女の子のことが好きだったから、「あ〜、かずちゃんと踊りたいなぁ」と思いながら、しかたなく男の子と踊ったんだって。

かずちゃんと踊れたら、とっても嬉しかっただろうにね。

中学校生活の中で、普段からモヤモヤしがちだったパパを一層モヤモヤさせたのは、部活動。

パパは、本当は野球部に入りたかった。だけど、男の子しか無理。しかたなく、野球に似ているソフトボール部に入ることにした。

同じグランドで部活をしているから、野球部の練習風景がいつも見えた。「いいなぁ」と思いながら、野球部の練習をボーっと見てて、「よそ見するな」と先生に怒られたりした。

中学生になると、女の子の間で好きな男の子の話をすることがあるんだって。パパは嘘をついたんだ。ひとりだけ変わったことを言って嫌われたくなかった。おかしいんじゃないかと思われるのも心配。好きでもないのに、適当に男の子の名前を言ったりして、みんなと話を合わせていた。

「黙って聞いているだけでよかったのかもしれない」と、パパは言ってた。

でもその頃は、黙っていたり正直な気持ちを言ったりしたら、友達の関係が壊れるんじゃないかと心配。だから、嘘をついて必死に話を合わせていた。

パパはその時も、集まって話しているひとりの子をチラチラと見て、「今、目の前にいるあなたが好きなんだよ」と思っていたんだって。

本当の気持ちを言えたらどんなにいいだろう。

でも相手の反応が、こわい。

嘘をいっぱい、いっぱいついて、自分でもどうしていいのかわからなくなっていた。

だって、「女の子」として、女の子が好きなわけじゃなかったんだもの。

この気持ちは何なんだ？　自分はおかしいのか？　と悩んで、でもその気持ちを誰にも言えず、ずっとずっと、パパは苦しんでいた。

先生に相談する勇気もなかった。どうせ軽くあしらわれるだけだろうな……と思って、心を開くことはできなかった。

意地悪な男子が、パパのことを「オトコオンナ」と言ってからかうようになった。パパはその言葉にも、言い返すことができなかった。


本当は悔しかった。


話を合わせて友達と一緒にいる。ひとりになりたくないから、友達と仲良しでいたいから、嘘をついて我慢している。

もうそれだけで十分じゃないか。それなのに意地悪を言われるなんて、ひどいよ。

学校にいる時間は苦痛で、ただただ「早く過ぎろ」、そう思っていた。

パパは、ひとりで寂しかったんだ。

家族にも本当の気持ちを言えなかったし、学校でも辛いだけ。中学校の三年間がどんなものだったのか、ボクには想像もつかない。

パパ、女子校に行く

パパは高校に進学した。ソフトボールの推薦で、兵庫県内の地元の学校ではなく、鳥取県にある高校の名前があがった。

「女子校」だった。

推薦とはいえ、パパは行く気なんてなかった。

それでも、もしかしたら「男になりたい。男に生まれたかった」という気持ちが変わるんじゃないか。そんな思いが湧いてきて、結局、パパは推薦を受け入れた。

行くと決めたはいいけど、嫌なことはたくさんあった。

この高校の制服は、当時雑誌にも取り上げられたくらい、かわいいと評判だった。まずは、これが嫌なことのひとつ。友達からは「いいなぁ」とうらやましがられた。それをつくり笑いで受け流しながら、パパは「これを三年間着るのかぁ」と気分がどんより。

一日のほとんどをこの制服で過ごすのかと思うと、悲しかったんだって。

ボーイッシュで、当然だけどオシャレなんて全然しないパパが、この制服を着たら、隠しようのない違和感。先輩たちからも、「男の子が入学してきて、女子校の制服着てる」と言われたくらいだよ。

パパだって、この制服を着たかったわけじゃない。

決まっているから、しょうがないから着ていただけ。

勇気を出して先生に「スカート、はきたくない」と言ったんだ。そしたらたったの一言「我慢しろ」。一瞬で、気分はどん底。

返ってきた冷たい言葉で、もう、次からは何も言えなくなってしまった。心に深く入ったヒビ。

毎日スカートをはいて生活する、地獄のような日々。「何で女子校に来てしまったんだろう」とつくづく思ったんだ。

県外から来ていたパパは、寮生活をしていた。

毎日勉強と部活だけの日々で、寮生活も全然、楽しくなかった。

学校は街の中にあったから、グランドがなくて、部活などはマイクロバスで移動。そんな生活の中で、先輩と後輩の関係にも気を張って、本当に疲れきっていた。

女子校に来たって、気持ちは結局、何ひとつ変わらなかった。むしろ女子校ということで、もっと辛い思いをした。

周りはみんな女の人。好きな子ができても言えない。

「好き」って言えば、今の友達としての良い関係が崩れてしまうんじゃないか。友達を失いたくなくて、本当の気持ちを言うことができなかった。

その頃、好きだったのは二つ上のバレーボール部の先輩。すごくよく面倒を見てくれるし、優しい。その人に夢中になっていた。

休み時間や、教室の移動でその先輩に会わないかと、いつも探していた。全校生徒が集まる時には、その先輩のところへ話をしに行くと、先輩もかまってくれた。

パパは高校でも、嘘ばかりついて、友達と話を合わせていた。あんまり嘘ばかりつき続けていたから、どれが本当の気持ちなのか、自分でもわからなくなる時もあった。

パパは、自分の気持ちを嘘で隠し続けることにだんだん疲れ、「このまま生きているなら死んだ方が楽。自分が自分じゃない」と考えるようになってしまった。

パパはこの時、このまま生き続けるか死んじゃうかを、すごく悩んでいたんだって。

誰にも言えないって、本当に苦しいこと。ボクにはもちろん想像もつかないけど、本当に追いつめられていたんだなぁ。

あっ、ここ女子校じゃん！
恋多き「男」、パラダイスを生きる！

パパは、ふと考えたんだ。
今、このまま死んじゃえば、今の身体、生まれたままの性別、今の名前でお葬式をされてしまう。

そんなの嫌だ。

死んじゃうのはやめよう。
もう少しだけ、ほんの少しだけ生きてみよう。
もう一度がんばろう！　と、一歩を踏み出した。
そんな矢先、ある先生が、こう言った。

「あんた、身体だけは変えたらいけんよ」
この先生にパパから何か言ったことはなかった。たぶん、普段のパパを見ての言葉なのか。急に言われて、パパはびっくり。その時は、「あっ、変えへんよ」と、とりあえず返事するしかなかった。
こんなことがあると、やっぱり思ってしまう。何で女子校に来たんだろ？　って。

でもパパは、持ち前の超がつくほどのポジティブさで、少し考え方を変えたんだ！

ここ、女子校じゃん！　女子校ってパラダイスじゃん!!

気づくの遅いよ〜、パパ。
当たり前だけど、女の子ばっかり。女の子に囲まれてパラダイスじゃん。こんな嬉しいことないやん！　どうせ生きるなら、辛いことを考える毎日より、ちょっとでも楽しいことを考える毎日にしよう！

クラスの中でもグループができていて、パパは一緒にいるグループの女の子を好きになっていた。パパは「女の子」だったから、好きな子にボディタッチとかサラッとしちゃってた。ラッキー！……なんて思ってた。

パパが暮らしていた寮は、すごく古い建物だった。

食堂と部屋とは離れていて、そこに行くのに、屋根のない道を少し歩かないといけない。雨や雪の日は濡れてしまう。食堂までの廊下も斜めになってて、歩くとミシミシと音がする。そんな古い寮。

寮の中でも、先輩後輩の関係は厳しくて、心も身体も休まることはなかった。でも、ポジティブ思考になってからのパパにとっては、寮のお風呂は、唯一楽しかったんだって。お風呂がきれいということじゃないよ。

「もーっ」だよね。

みんなの下着姿とかを見て、顔がにやけていたんだ。

パパって、エッチだね。

「今しかこんな体験はできない」と思っていた。

学校に行けば、何百人もの女の子に囲まれ、かわいい子がいたりすると、「この子は友達として好きだなぁ」「この子とは付き合いたいなぁ」と勝手な妄想ばかりが膨らんでいた。

たぶん、鼻の下が思いっきり伸びて、顔がにやけていたんだと思う。

ボク、パパのそんな顔知ってるよ。

好きな先輩には付いて回って、その人が卒業してしまうと、数か月後には好きな同級生の子とずっと一緒にいたんだ。かわいい子がいっぱいの女子校で、たくさんの人を好きになった。
部活でも他の高校の女の子と出会った。気になる先輩ができたら、試合や遠征で会えることが楽しみだった。
パパは「今」を本当に楽しんだ。

もちろん、そんなことばかり考えて、日々を過ごしていたわけじゃないよ。そうやって考えていないと、やってられなかったんだ。

教育実習でちょっとだけ来ていた先生も、好きになったんだよ。実習が終わっても遊びに行ったり、相談に乗ってもらったり、楽しい、良い関係が続いていたんだって。どこでもすぐに友達をつくって、親しくなって、好きになっちゃう、パパ。

高校三年生になってからは、先輩後輩の関係がなくなり、はじけてしまった。好きな子とワイワイはしゃいで、たくさん遊んで、高校生活最後の一年間をすっごく楽しんだ。

男子トイレに入ってやったぞ!

遊びに行った先で女子トイレに入ると、知らないおばさんがパパを見て、入り口にトイレのマークを確認しに行ったり、「あんたが間違えてるんやんか」「あんた、あっちゃ

で」と注意されたりすることが、ずっとあった。

そんな時、パパはその言葉を訂正しなかった。言われるのは面倒くさかったけど、逆に間違われていることが、少し嬉しかったから。

そんなことが何回もあって、ついに、男子トイレに入ることにチャレンジ。


私服を着ていたら、男子トイレに入っても何も言われなかった。ジロジロと見られることもなくて、嫌な気持ちになることもなくおしっこができた。

「結局は見た目なんや。そりゃそうだよね。性別を自分で言うか、何か証明書で確認しないとわからないんだから」

そんな話をする時のパパは、どこか悲しそう。

私服は自分の好きな格好ができるからいいけど、制服はそうはいかない。

男の子が女子校の制服を着て、女装していると思われて、気持ち悪がられたり、冷たい視線が向けられたりする。

その視線を浴びながらも、自分では何もすることができずに、身体と心の違いに悩んだ。

三年間の高校生活では、その答えは出なかった。

パパは、社会人になった。

パパは、羽田空港の手荷物検査の警備の仕事に就いた。その時も、「男に生まれたかった。男として生きたい」と思っていた。同時に「もしかしたら、これから気持ちが変わるかも？」という思いも、まだあった。

会社の制服は、スカートにストッキング。パパにとっては、とても辛い苦しい、嫌な服装だった。

入社式だけは、男性用のスーツで行った。

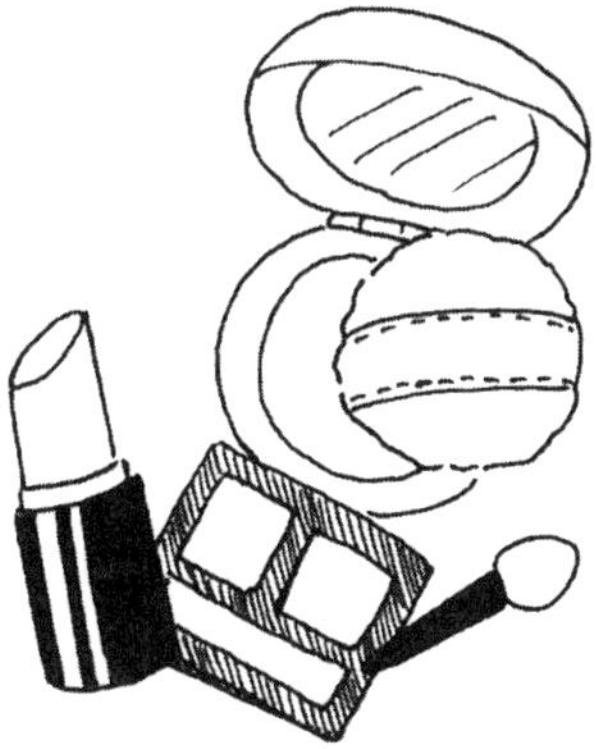

スーツを買いに行った日、「こっちがいい」と初めて男性用のスーツを選んだ。一緒にいたバァバから、それをとがめられることはなかったんだって。
でも、このスーツを着たのは、入社式だけだったんだけどね。
バァバは、パパが東京へ旅立つ日、新幹線のホームまで送ってくれた。
パパの荷物に、お手紙と必要最小限のお化粧道具を持たせてくれた。

当時のバァバが、母として良かれと思って用意したお化粧道具。けどね、「逆にそれがパパに辛い思いをさせてしまってた」って、バァバがママに話したことがあるんだって。


働いている時も、顔と制服がアンバランスで、周りからの視線は冷ややかだった。特に職場の男の人の態度は冷たかった。辛いだけで、今までと何も変わらなくて、「女の子」として働くことが、すごく嫌で苦しかった。

女の子の友達と遊ぶのは最高の時間で、デートでもしている気分だった。

でも、仕事になれば女性として働き、女性として扱われる毎日。制服にも耐えきれず、パパは半年で仕事を辞めてしまった。

僕はコレだ！ やっと自分が「何か」がわかる

会社を辞め、生まれ育った故郷に帰ってきたパパ。これからどうしようかと考える日々を送っていた。何をするわけでもなく、時間だけが過ぎていった。

ある日、テレビでやっていた「3年B組金八先生」をたまたま見た。

「あっ！」と思った。

女優の上戸彩さんが演じていた「性同一性障がい」[注]の生徒が、目に飛び込んできた。

注：「性同一性障がい」は、「Gender identity disorders」（ＧＩＤ）の訳語。ＷＨＯ（世界保健機関）作成の国際疾病分類「ICD-10」では、「精神及び行動の障害」に分類されている。なお、二〇二二年発効予定の改訂版「ICD-11」では、新たに設けられた章「Conditions related to sexual health」（性の健康に関する状態）に「Gender incongruence」（「性別不合」などの訳語が検討されている）として記載され、疾患からは除外されることになった。ＷＨＯのウェブサイト https://icd.who.int/browse11/l-m/en#/http%3a%2f%2fid.who.int%2ficd%2fentity%2f411470068 参照。

食い入るようにテレビにかじりつき、その生徒の姿を追った。

自分のこれまでの経験と重なった。


僕はこれだ！


ブレるはずのない「確信」だった。

やっと自分が「何か」がわかった。

だけど、じゃあ、どうすればいいのか、答えはつかめなかった。結局はこのまま生きていくしかないんだと、すぐにあきらめてしまった。

子どもの頃から、「男になりたい。男に生まれたかった」と思っていたパパ。「性同一性障がい」を知って、「男に戻りたい」という気持ちになったのは、この頃。
自分が何かわかっても、その先が見えず、日常の辛さや苦しさは今までと何も変わらず、ため息ばかり増えていった。

きちんと働いて、自分で生活しよう。そう考え、ずっとやりたかったスキューバダイビングの仕事をいろいろ調べて、大阪のダイビングショップで働くことにした。

パパはひとり暮らしを始めた。

当然「女性」として入社した。でも、私服勤務だったこの会社では、見た目の男の子っぽさもあって、今まで制服を着ることでパパを追い詰めていたしんどさは、なくなった。

社内で使うダイビングネームは、なぜか「ゆうじろう」。みんなからは「ゆうちゃん」と呼ばれていた。

お店に来るお客さんやアルバイトの子は、パパを男性だと見る人もいれば、「男？　女？　どっち？」という感じの人もいた。この会社の中では、特にそこを気にしている雰囲気はなくて、とっても働きやすかった。

パパ、言っちゃった。勇気を出した

仕事では、アルバイトの面接も担当した。そこで、ひとりの女性にひかれ、パパは恋に落ちた。まだ、ママのことじゃないけどね。

パパは、この人になら自分のことを話しても大丈夫だと思った。

そして、勇気を出して、人生初のカミングアウトをした。

「僕は、身体は女性なんだけど、心は男なんだ。男として生きたい。あなたのことが好きだから、付き合ってほしい」

勇気を出して告白をし、その人は受け入れてくれたんだって。パパたちは付き合うことになった。

でも、実は彼女には、パパの他にも彼氏がいた。パパはそれでも、自分を受け入れてくれて付き合えたことが嬉しくて、彼氏がいてもいいやと思ってた。すべてが初めてだったから、パパは嬉しかった。二股を許しちゃうほどに。

でも、そのうちに、やっぱり彼氏の存在が気になって、きつくなってしまった。
パパ、そこは、最初から気づこうよ〜。
辛くなったパパは、そのことを彼女に話した。彼女は、彼氏と別れることを決めてくれたんだって。

パパは好きになると、グイグイ押すタイプらしい。

まめに連絡をして、時間があれば会って、二人の時間を楽しんだ。でも、付き合えば付き合うほど、自分が本来の姿ではないことが辛くなり、ひとりになれば自分を責めてしまう。暗いもうひとりの自分がいた。


このままでいることが辛くて、苦痛で、何とかしたかった。今の状態から何か変わるかもしれないと、ついに両親にカミングアウトしようと決めた。もしかしたら、味方になってくれるかもしれない。

パパは、バァバに連絡をした。


「名前を変えたい」


すると、ジィジから電話がかかってきた。

「お母さんを泣かすようなことを言うな。名前なんかそんな簡単に変えられへん」

パパはとっても悲しかった。

心のどこかで、両親は認めてくれるだろう。勇気を出して言ったことをわかってくれるんじゃないか、と思っていた。それなのに。

もう何も話せなくなってしまった。

パパがきちんと「性同一性障がい」について説明をしなかったのも悪かったのかもしれない。でもあれが、「名前を変えたい」というたった一言だけが、あの時にできた精一杯のことだった。

ジィジやバァバのことが嫌いになったわけじゃない。でも、二人が遠くに離れてしまったかのように感じて、悲しかった。

パパは生き方を考えた

先の見えない真っ暗な迷路に迷いこんだかのように、この先どうしたらいいのか、何も見出せずにパパは迷い続けた。

でも、今までのパパとは違うところがあった。彼女の存在だ。好きな人がそばにいることで、心は保たれていたようだ。

ジィジとの電話を切った後、彼女と毎日を過ごしながら、パパも、一度は名前を変えることを含め、自分の気持ちを前に出すのをやめようと思った。


でもやっぱり、このままでは嫌だという思いが、捨てきれなかった。


偶然、彼女の職場にパパと同じ、身体は女性で心は男性の人がいて、ホルモン注射をしていることを知った。その人から病院を教えてもらい、誰にも言わずに、自分だけの判断でホルモン注射を始めた。

パパは、少しも迷わなかった。


一か月ほど経つと、身体に変化が現れ始めた。

大嫌いな生理が止まった。

嬉しくてたまらなかった。夢にまで見た生理のない生活。

二、三か月すると声が変わり始める。声は低くなって、のど仏が出てきた。
パパは幸せだった。
ホルモン注射には、肝機能が悪くなるなどの副作用があるのも知っていた。それでも注射を打つことを選んだ。

数か月が経ち、少しずつ男性的になってきた自分を振り返って、パパはふと思った。

あっ！　やばい!!
あのカミングアウト以来、パパは実家に帰っていなかったし、両親と電話で話したりもしていなかった。この声を聞かれたらバレると思った。
またまた気づくの、遅いよね。
さすがに両親に黙っておくことができない。だからまず、パパはお姉ちゃんに相談に行ったんだ。お姉ちゃんから両親に伝えてもらうと、バァバは「気持ちの整理がついたらこちらから連絡する」って。

幾日か過ぎて、バァバは「あなたが元気でいてくれるなら、それでいい」と、言ってくれた。

でもその後も、パパの身体と心のことについてきちんと話すことは、なかった。


声も完全に変わった頃から、初めて会う人はみんなパパのことを、男の人として見ていた。誰も女の人だとは思わなくなった。

その頃パパは、彼女とは別れ、ひとりになってフラフラした毎日を送っていた。

好きになってくれる子がいて、すべてをカミングアウトして付き合うけど、気持ちがついていかないこともあったんだって。毎回毎回、カミングアウトから始まるお付き合いに、疲れてもいた。


男に生まれてきていれば、こんなことなかったのに。


パパは自分の身体を責め、おっぱいがあること、おちんちんがないこと、何もかも嫌になって、すべてのことから逃げていった。

何もしたくなくて、部屋でボーっと閉じこもっていた。

「何で、男に生まれなかったんだ！」

男として生まれてきた弟がうらやましくて、しかたがなかった。でもこの気持ちを、家族や他の誰かにぶつけることも、相談することもできなかった。

そんなある日、パパは友達と大阪のミナミにあるショーハウス「ベティのマヨネーズ」に行ったんだ。前々から気になっていた。

お店に入った時は、心がワクワクしたんだって。

ショーを観て、誰と何を話したかはあまり覚えてないけど、パパはいろいろ考えさせられたようだ。

そこには、パパと同じように、生まれてきた身体の性で生きるのが苦しい、と感じる人たちがいた。それを乗り越え、自分の生き方を見つけてがんばっている人たちが、いたんだ。

人それぞれ、いろんな生き方があるんだ。

今の自分は本当の自分じゃない。本当の自分になりたい。

立ち止まって何もせず生きるより、少しずつでも前に進んで、失敗しても成功しても、自分が思う生き方をしようって思った。「自分が思う生き方」――。それは、「男」として生きること。名前を変えて、おっぱいもいらないや。いろいろな思いを叶えるためには、「性同一性障がい」の診断を受けないと……。まずは、そこからだ。

パパは、すぐ行動に移した。

大阪の精神科のある病院で、カウンセリングを受けることにした。「性同一性障がい」の診断を受けるには、カウンセリングを受けないと何も始まらないから……。

病院には三か月に一度通い続けて、心理テスト、先生の問診などを受けた。自分の気持ちにブレがないから、毎回簡単に終わっていた。この病院には相談に行くというより、診断書をもらうためだけに通っていた。

何回かの通院の後、「性同一性障がい」という診断を受けた。

名前も変えることにした。

アルバイト先で通称名を使っていたから、その証明を出してもらい、診断書もつけて、家庭裁判所に提出した。書類の手続きと数日間の待ち時間で、戸籍上の名前の変更が認められた。

パパは新しい名前で、新しい生活を始めることができたんだ。

やっとコイツともおさらばだ!

名前を変えたパパの、次にやりたいことは——。

一番のコンプレックスだった胸を取りたい。

大阪で暮らすようになってから、「ナベシャツ」っていう下着でおっぱいを押さえて生活していた。でも、押さえて隠すだけじゃ足りない。きれいさっぱり、取ってしまいたかった。こんなモノ、自分にはいらない。

それに、パパのおっぱいは大きかったんだ。内緒だけど、ママよりも……。だから余計にコンプレックスだった。

でも、それも簡単じゃないんだって。手術が怖いとかじゃないよ。お金と時間がかかるから、なかなか進まなかったみたい。

身体が女性だということがばれないように働く毎日。おっぱいのことを悩んだり、弟のこ

とがうらやましくなったりするうちに、心がうまくコントロールできなくなっていたパパに、ふと勢いがついた。

お金がかかったっていい、何とでもなれと思って、ついに決めたんだ。

おっぱいを取る！


大阪の「ナグモクリニック」に何度か通って、手術することにした。

ジィジやバァバには「手術を◯日にするから」とだけ伝えた。最初のカミングアウトから、ジィジとバァバに相談はできなくなっていた。だから、自分で決めたことを「報告」しただけ。

病院の診察もひとりで行った。おっぱいを見せないと始まらないけど、そうすることでおっぱいがあることを再認識して辛かった。でも、これがおっぱいを取るための第一歩だ、と言い聞かせて我慢した。


そして手術の日が来た。

これでなくなる。

やっと、このおっぱいとおさらばだ。

パパは嬉しかった。

手術は全身麻酔で一泊入院。何とか無事に終わった。でも、麻酔が切れてからの痛みがきつかったみたい。誰かそばにいてほしいと、ベッドの上でひとり痛みに耐えながら、心底思った。

となりのベッドからうめき声が聞こえてくる。胸を大きくする手術をした人が「痛い」ってうなっていた。

パパも激痛と闘っていた。何でこんなに痛いんだと思ったら、傷口ではなく、切除した場所に血がたまらないようにするため、わきの下からおへそくらいまでグッと締め付けられているのが激痛の原因だった。その締め付けの装置を取ったら、わきの下が青くなっていた。術後、何日もそれをつけて生活をした。

やっと普段の生活に戻れた頃、今度は、乳首の形成の手術をすることにした。

パパは乳首を小さくした。

それが終わると、今度は傷を目立たなくするために、傷口を医療用の入れ墨で皮膚と同じ色にする手術も受けた。

これで、おっぱいの手術は終わった。

でも、もうちょっとここをこうしてほしかったなぁ……って、納得がいかないところもあるみたい。

それでも、今までの生活からすると、おっぱいがないことが嬉しくて、幸せで、やっと裸になれるとワクワクしていた。

プール、海、お風呂にも行ける。

もう夏の暑い日にナベシャツをつけなくていい。

今まで、大きなダボッとした服ばかり着ていたけど、ピチッとした黒い半袖のシャツを着られるようになった。

パパは筋トレが趣味だ。だからきたえた身体のラインを見せたかったんだよ、きっと。何もかもが新鮮で、楽しく、嬉しく、パパは少しずつ自分に自信を持てるようになった。

手術をするために会社を辞めたパパは、新しく看板の仕事をするようになった。男性ばかりの職場で、現場に行ったりもする。入社する前から名前も変わっていたから、ここでは「男性」として働いていた。

それでも、困ることだらけだった。

雨の日のこと、雨に濡れてべちょべちょになりながら作業をしていた。仕事が終わったら先輩が「お風呂に行こう」と言い出した。パパは、まだ胸に一部ガーゼを当てている状態で、おちんちんもついてない。

しかも、パパは、職場の人には何も話さず、隠して働いている。

タオルで隠せば何とかなるかな？　そううまくはいかないか？　と、頭の中は、「どうしよどうしよ」でいっぱい。

「お風呂はいいです」と断り続けたけど、先輩がお金まで出してくれて、しかたなく一緒に入ることになってしまった。

どうやったらバレないか？　めちゃくちゃ考えて考えて、パパは時間差を使って先輩たちと会わない作戦に出た。

先にトイレで時間を稼ぎ、先輩たちには先にお風呂に入ってもらう。それからすぐ脱いでタオルで下を隠し、誰もいない洗い場に行ってちゃっちゃと洗って、先輩たちより先に出るという早ワザ。

そんなこんなで、おっぱいを取ったパパの「初めてのお風呂デビュー」は、その嬉しさなんか味わう暇もなく、あっという間に終わった。

おっぱいを取ってから、パパのことを知っている男友達と銭湯に行ったことがあった。その時は、下だけタオルで隠してゆっくり入ったんだって。

看板屋さんの仕事は、会社の側にいろいろな事情が重なったりして、辞めざるをえなくなってしまい、パパはまた、違う仕事に就かなければならなくなった。

あっ！　この人と結婚したい！

ある日、パパとママの共通の友達のアスカおばちゃんが、鍋パーティーにパパを誘った。

ボクもおばちゃんのことは知ってる。とっても優しくて面白い人なんだよ。

メンバーは、パパ以外みんな女の子。

そこで出会ったのが、ママだった。

アスカおばちゃんとママは専門学校時代からの友達で、ママは三重県から大阪のアスカおばちゃんの家に遊びにきていた。


「この人と結婚したい」


ママに会った瞬間、パパはそう思ったんだって。

こういうのって、「運命の人」っていうんでしょ。ボク、知ってる！


その日は、何人かのお友達がお昼過ぎから集まっていた。鍋の準備をしていたのは、アスカおばちゃん。他のメンバーは、テーブルの周りに座って、楽しくおしゃべりしていた。そんな中で、ひとりだけアスカおばちゃんと一緒に準備をする人がいた。

それが、ママだった。

買い出しに行くというので、パパもさりげなくついて行った。二人きりになったけど、何もしゃべれない。

とっても緊張していたパパだった。

鍋パーティーが始まっても、ママのとなりには座らなかった。みんなとワイワイして終わった。

パパは、「好きな人にはグイグイいくタイプだ」って言っていたのに、ママにだけは違った。何でかな？

「この人と結婚したい。でも今のままじゃいけない。フラフラした生活で、身体も戸籍上の性別もまだ女性のまま。ちゃんと自分を見つめ直さないといけない」とパパは思った。

だから、その時はママに何も言わず、連絡先も聞かなかった。

ただ、一年後に、また鍋パーティーをする約束をした。

当日、みんなと再会して楽しく過ごし、アスカおばちゃんちにお泊まり。ママが寝てから、パパは他の友達と夜遅くまで暴露会をしたんだ。

「ママのことが好きで、明日告白しようと思う」とみんなに相談した。

「大丈夫だよ」とはげまされて寝た。しかもママの横で。お酒の入ったママは爆睡していたけど、パパはそわそわして眠れなかったんだって。

次の日、ママは京都に用事があって、パパが車で送っていった。

ママは、「何でこの人送ってくれるんだろ？　自分で電車で行けるけのに」って思った。頭のどこかで「もしかして、この人私のこと……」とも考えていたらしい。

京都に着いて用事を済ませたママとパパは、もう一度会った。ママを助手席に乗せたはいいけど、言いたいことが言えなくて、もどかしくそわそわしながら、車で京都市内をグルグル回っていたパパ。

ママが帰らないといけない時間が迫ってきた。京都駅前で車を停め、パパはやっと話し始めた。

ママが好きだという気持ち。

心と身体の性の不一致で、「性同一性障がい」だということをカミングアウトした。

パパは、緊張しすぎて何を話したかちゃんと覚えていない。

ボクは、パパが緊張しているところなんか見たことないけど、本当にママのことが好きなんだね。

ママは驚いた。

だって、まだ会って二回目。ほとんどしゃべったことがないのに、急に告白されたんだもん。

パパは、マシンガンのように自分の気持ちを吐き出した後、やっぱ無理だよなぁ、と思いながら、ママの返事を待った。

ママは「待ってほしい。一週間後に大阪に行く予定があるから、その時に返事をする」って言った。

パパは「ダメだな」と思いながら、会う日を待った。

一週間後、ママと再会したけど、パパはぎこちない。

「付き合ってみようと思う」って、ママは言った。


「へ？」


嬉しすぎてパパは、ポカーンとしていた。だって、無理だと思っていたから。

ママは性同一性障がいを知らなかった。でも悩んだ末、最後はパパというひとりの人間のことを考えた。

性同一性障がいとか関係なく、ひとりの人としてパパを見た。

ママ、かっこいい。スマートだよ、ね。

パパは、めちゃくちゃ嬉しかった。


初めてママと手をつないで、ウキウキ、ワクワクのお付き合いが、スタートした。

ママは、毎週お仕事が休みの日に電車で大阪に通った。

「こういうのを愛っていうんだ」って、パパは気取りながら教えてくれた。

パパが風邪をひくと、風邪にいい飲み物やご飯をつくってくれたんだって。短い時間でママの存在は、パパにとって、生きる力になっていった。

何で「親不孝者」?

ママは両親と一緒に暮らしていたから、パパの住んでいた大阪で会うことの方が多かったけど、ママの実家にも何度か行ったみたい。

もちろんママの家族とも、ママの彼氏として会っていた。

ママの妹の、ノンおばちゃんとも会ったよ。

初めて会った時、仕事に行くノンおばちゃんに「いってらっしゃい」と言ったけど、顔も見ず素通りされたのをパパはよく覚えている。

ママとノンおばちゃんはとても仲良しで、小さい頃からずっと一緒だったんだって。だから、急に大好きなお姉ちゃんが彼氏なんかつくっちゃって、ノンおばちゃんも寂しかっ

たのかなぁ。

何度か会ううちに、最初のぎこちなさはなくなって、今は打ちとけて楽しく笑い合っているよ。

パパの実家に一緒に帰ったこともあるよ。その時、悲しい出来事があった。

パパとママが二人でコンビニに出かけた時、近所に住んでいるおばちゃんとたまたま出会って、こう言われた。


「親不孝者」


パパが、男として生きていくことは親不孝なことなの？

パパが自分の人生を歩んではいけないの？

パパだって、生まれた時のままの性で生きていけるならそれでよかった。でも無理なんだよ。

そりゃ、パパを産んだバァバだってジィジだって、自分たちの子どもが性同一性障がいだって知って、辛いし苦しい。

でもパパも辛くて、苦しくて悩んでいるんだ。

この一言に、パパもママも傷ついた。

「しかも、ママが横にいるのに……」って、パパは思った。

パパもママも、忘れられない一言になった。


僕と一緒にいることで、これからずっと辛い思いをさせてしまうのかな。だけど、大大大好きなこの人と一緒にいたい。僕が守る。

パパは強く思った。


パパは、ママと一緒にいる時間をとても大切にした。手をつないで買い物に行ったり、ご飯を食べに行ったり。夜は、ひとつの布団で二人で寝ていた。

本当にどこにでもいるカップルと変わらな

いお付き合い。周りから見れば何の違和感もない、彼氏と彼女だった。

そして、付き合い始めて半年くらい経ったある日、パパはママに言った。

「僕と結婚してくれる?」

「いいよ」って、ママは答えた。

結婚するには、まだ問題があったんだ

パパには問題があった。

戸籍上の性別は女性。結婚するには、子宮卵巣を摘出する「性別適合手術」っていうのをして、戸籍を男性に戻さなければならない。

パパは、胸は取っていたけど、まだその手術をしていなかった。

それと、大事なことがもうひとつ。ママの両親にすべてをカミングアウトすることだ。ママは三人きょうだいで、両親の他に妹と弟もいた。パパが「性同一性障がい」だということ

を、この時はまだ誰にも話していなかった。

ママの助けもあって、パパは性別適合手術を受ける準備ができた。

手術を受ける病院は、タイにある。

ママも一緒に行ってくれることになったから、パパは心強かった。パパは海外へ行くのも初めてで、英語もまったく話せない。ママが一緒に行ってくれるのが、本当に嬉しかった。

タイへ行く日は、二〇〇八年二月四日に決まった。

その前に、ママの実家へ。

「お父さんは厳しい人だった」と常々聞かされていたから、すべてを話せば反対される。受け入れてもらえないだろうと、パパは心配していた。「早く話しに行かなきゃ」と考えていたけど、なかなか行けなかった。
実の娘のママでさえ「この時は、本当にどうなるかわからんかったわ」と言っていた。
心配と不安で、なかなか踏み出せない数日間を過ごした末に、パパは覚悟を決めて二人に会いに行った。

台所のテーブルを囲んで、ドキドキしながら、パパは話し始めた。

「実は、僕は女性の身体で生まれ、心が男なんです。でも、二月にタイに行き手術をして、家庭裁判所に申請すれば性別が変わります。そしたら彼女と入籍し結婚したいです」

ジィジとバァバは、じっと黙って聞いていた。

ジィジがママに、「あなたはそれで幸せか?」って聞いた。

ママは「うん。幸せ」と答えた。

すると、ジィジは、反対することもなく認め受け入れてくれて、二人のことを応援してくれたんだって。

「娘は私の所有物ではない。成人して自分で生活しているのだから、自分で決めたならそれでいい。性同一性障がいについても、これからわざわざ新たに言う必要もない」とジィジは話した。

だからこの時、ママの妹のノンおばちゃんや弟のおっちゃんには、パパのことを話さなかった。

カミングアウトをしてからママの実家に行っても、パパに対するみんなの態度は、今までと何も変わらなかったんだって。

ジィジとバァバに結婚の話をする前に、パパはアルバイト生活をやめていた。

性別はまだ変えていないけど、正社員として製造業の仕事に就いたんだ。事務員以外男の人で、パパはここでも自分のことを隠して働いていた。

「でも、どうしても無理だったのが社会保険だった」って。

経理の担当は社長の奥さん。その人にだけ本当のことを言うしかなかったけど、何とかわかってもらえた。

社長にも内緒にしてもらってたんだ。

周りの人たちはパパを「男」として見て、接していた。いつか何かでバレるんじゃないかと、びくびくしながら毎日仕事をしていた。

ある日、会社に健康診断の書類が届いた。何も知らない上司がそれを見て、パパの書類に女性だけが受ける検査の項目があるのに気づき、「何で？」ってなったんだって。「うわぁ！　バレる！」ってハラハラしたけど、社長の奥さんが機転を利かし、話をつくってくれてバレなかった。

この会社で働いている時に、性別適合手術を受けるためタイに行った。必要な数日間を確保するために、仮病を使って会社を休んだ。

「また嘘をついちゃった」って。

こんな嘘をつかないでもいい世の中になったらいいのにね。

その頃、ママも働いていた会社を辞めて、大阪のパパのアパートに引っ越してきた。パパは、やっと一緒に住めると、嬉しくて嬉しくてたまらなかった。

デレデレのパパ。

初めての海外！
初めてのタイで手術！

一緒に住み始めてからほどなくして、手術をするためにタイに行った。

入院の時以外は、バンコクのプロンポンっていう場所での、ホテル生活。

パパとママは、その場所があまりにもいろんなにおいがしたものだから、びっくりしたんだって。屋台でお料理している食べ物のにおい。たくさんの車の排気ガスのにおい。下水のにおい……。

「とにかく、においに慣れるのが大変やったよ」って、ママ。

入院の日まで、観光したり、ナイトバザールに行ったりした。ちょっとした結婚前の旅行みたいだね。でも、ルンルンで楽しく過ごせたのは入院までだった。

パパは、ヤンヒー病院で手術を受けた。

滞在中、二人が一緒に行動したら旅費が安く済むこともあって、ママはパパの入院中は、ホテルに戻ることもできたけど、病室に寝泊まり。

タイの病院は、日本のそれとは全然違って、二人はただただびっくり！

広い病院内を、ローラースケートで自由気ままに移動する看護師さん。タイ語でべちゃくちゃしゃべりながら、お風呂に入れないパパの身体にベビーパウダーをポンポンとはたいた。

パパは真っ白け。

「でもさすが、美容整形の最先端を行っているタイだ。先生の腕はいい」って、パパは絶賛。

はじめにドクターの診察があって、手術の説明も受けた。ママも一緒に聞いた。手術が成功するのか不安げなママをよそに、問題はないと信じきっていたパパは、男に戻った後のことを考えていた。

手術室へは自分で歩いて行った。手前の扉でママと別れ、手術台に横になる。目を閉じ、数時間後の自分を想像した。

ママがひとりぼっちの病室に耐えきれなくなった頃、手術が無事に終わり、パパは病室に帰ってきた。

麻酔が切れ、ジクジクと重い痛みがやってきた。まだボーっとしているパパに、看護師さんが切り取った子宮卵巣を見せてくれた。

パパが見たいとお願いしていたのもあったらしいけど、この状況で「見せられても見られないよ」ってパパは困った。

ママに「写真だけ撮っといて」とお願いして、さっきまでパパの一部だった子宮卵巣を、きちんと見られないままパパは眠っちゃった。ママはずっとそばにいて「痛い、痛い」とうめくパパの身体をさすっていた。

「これぞ、愛のパワーやろ！　でもな、痛すぎて、ママには悪いけど、それどころじゃなかったわ」って、パパは笑った。

ママの方は、本当に大変だったんだって！

「痛い痛い」ってパパはずっと言っていたから、手術が済んでから次の日まで延々と看病し続けた。何回か看護師さんがやってきて、パパの熱を測ったり血圧を調べたりした。パパはめちゃくちゃ痛がっていたけど、「Don't worry」だとか「ＯＫ」だとか声をかけてくれたから、ママは安心できたんだって。

そんなママのおかげで、パパは痛みを乗り越え、無事退院することができた。

「男に戻った」という実感は、まだなかったみたい。どちらかというと、何か病気や怪我をして手術をした後のような感覚だったらしい。

パパは術後の動かない身体を引きずって、タイでの残りの時間を観光したんだ。ちょっと前屈みになりながらね。

楽しかったんだって。

休みながらゆっくり、何をするにもゆっくり、カタツムリペースの観光。それでもパパは幸せだった。

ナイトバザールには、地下鉄を使って行った。五百円玉よりも大きな、真っ黒い地下鉄切符がおもしろかった。

トゥクトゥクっていう乗り物に乗った時は、よく揺れて手術の跡が痛くて、大変。

ワット・ポーっていうお寺にも行った。とてもカラフルな建物にママは大喜び。ものすっごく大きい大仏さまが寝っ転がってたんだって。

「ボクも見たい！」って言ったら、「また、家族で行こうか」って、パパは約束してくれたよ。

ただ、パパを困らせたのが、タイのご飯。結局タイ料理は何ひとつ食べられなくて、日本食のお店に通った。

手術を通して知り合った同じ境遇の人たちと、パパはタイで仲良くなった。そのメンバーで居酒屋に行った時も、パパは日本食が食べられるお店をお願いしてたんだよ。

そんな時は、ママもパパのとなりで楽しくお酒を飲んで、みんなとおしゃべりして過ごした。

パパは手術についてきてくれたママに、本当に感謝の気持ちでいっぱいだった。

嬉しくてありがたくて、感謝してもしても、全然足りなかった。気持ちがあふれてどうしようもなかったパパは、ママにありがとうのお手紙を書いちゃったんだって。

日本に帰ったパパは、書類をそろえて、すぐに家庭裁判所に、戸籍の「性別変更」の手続きに行った。

これで、本来の姿に戻れる。

ウキウキしながら許可が出る日を待った。

ついに結婚したぞぉ！

ついに、戸籍の記載が「女」から「男」になった。

パパは、男に戻ったんだ!!

男に戻ったら、次にパパのしたいことは決まってる。

ママと結婚すること。

パパとママは、四月四日を「幸せを呼ぶ日」と二人で決め、婚姻届を出しに行った。

パパは、戸籍が元に戻ったことも嬉しかったけど、それ以上に、ママと結婚し、夫婦になれたことが嬉しかったんだ。

どんなに相手を愛おしく想っていても、恋人のままじゃできないことがある。夫婦になることで、彼女から「妻」になり、「夫」として守ることができる。

パパは、ママを一番近くで一番に守りたかった。一緒に過ごす時間は何よりもかけがえのないもの。ママと一緒に「家族」をつくっていきたい。

だから、パパにとって「夫婦」になることは、これから生きていく上でとっても大切なことだった。

もしも、付き合っている状態でママが入院しても、パパは「他人」になっちゃう。一刻を

争う事態になったとしても、大切なことを決めたり、書類を書いたりすることはできないし、ケガや病気の説明も聞けない。

それは嫌だった。


他の誰もと同じように、大切な人と「夫婦」としていたかった。

それから、「けじめ」として、パパはきちんと結婚式も挙げたかった。

「お金かかるし、別にせんでもいいんやけどなぁ……」

なんて言うママの背中を押しまくって、結婚式を挙げることにした。式の打ち合わせに、いつも二人で行くのが嬉しかった。

準備の期間もすごく楽しかったみたい。

あれもこれもとやりたいことだらけ。男に戻って、生まれ変わったかのようにキラキラしていたパパは、ママとの結婚式をどうしたいか、いくらでもアイディアが浮かんだんだって。


二〇〇八年の八月二三日。

結婚式当日。

嬉しくて、嬉しくて大興奮だったパパ。幸せな気持ちでいっぱいだった。

とってもきれいなママのウエディングドレス姿を見て、パパは「心の美しさがよく出てるなぁ」って感じたんだって。ボクも見てみたかったなぁ。

パパは、顔がにやけて、デレデレ。

そんなパパに大事件が起こったんだ！

衣装が入らない！

結婚して幸せ太りをしたパパは、サイズ合わせをしてから数か月の間にあちこちが太くなっちゃって、ズボンがぴちぴちで入らなくなっていた！

急いでワンサイズおっきいのを用意してもらった。

パパ、間に合ってよかったね！


チャペルで、ママがジィジと歩いてくる姿を見て、胸が熱くなったパパ。

披露宴にもたくさんの人が来てくれて、たくさんの人たちに祝福してもらって、感謝の気持ちでいっぱいだった。

友達の余興で、高校時代のママがどんなだったかもわかった。楽しい幸せな時間はあっという間に過ぎていく。横に座っているママをこれから一生守っていくって、強く心に誓ったパパだった。


この日一日は、夢のような時間で、パパにとって特別な日になった。やっぱり結婚式っていいなぁと何度も感動していた。「もう一度、ママと結婚式を挙げたい」と終わってすぐ思ったたって。

いまだに、ボクたちに、パパは何回も話してくる。

「次はパンパンじゃなく、やせてシュッとしたかっこいい状態で結婚式を挙げたい」って、耳にタコができるくらい、たくさん聞かされたよ。

パパのウキウキ新婚生活

新婚生活は、それはもう、キラキラした幸せな毎日だったんだって。

パパが「いってきます」と出かけると、「いってらっしゃい」とママが送り出す。帰ってきて「ただいま」と「おかえり」を交わす。

パパがひとり暮らしだった時にはなかった、やりとり。

こんな日常のことが、パパにはとても新鮮で嬉しくてたまらなかった。パパにとっては特別なことだったんだ。

特別な幸せって、何気ない日常の中にあるんだなぁ……って、パパは思った。

お弁当は毎日ママが手づくり。帰ればママの美味しいご飯が待っている。帰りが遅くなっても、ママはパパのことを待っていた。ホルモン注射が欠かせないパパの健康管理のために、ママは食事にも気を遣っていた。二人で過ごす休日は、パパがご飯をつくってたんだよ。

「こんなに僕のことを思って考えていてくれる妻に、僕は何かしてあげられているのだろうか?」って、パパはずっと思い、考えていた。

これはボクたちが生まれた今でも変わらずに、

ずっと、いつも。

パパとママは結婚式の翌月、新婚旅行でオーストラリアに行った。

「最高だった！」

パパは目をキラキラさせて、その時のことをボクに話してくれた。「海はきれいだし、時間がゆっくり流れている感じで、現実逃避じゃないけどこのままここにいたい」とパパとママは思ったんだって。

海とか、空とか、日本で見たって同じ「青」なのに、全然色が違って見えた。全部キラキラしていて、夢の中にいるっていう言葉がぴったりな時間だったんだって。

ご飯も美味しかった。

ホテルもきれいだった。

海は広くてまぶしかった。

パパはグリーン島の海で潜った。泳げないママは、ライフジャケットを着て、パパが潜る上をプカプカ浮いていた。

海の底から見るママの真っ黒な影がとてもきれいだったって、パパは目を細くした。

キラキラ光る水面が、ママの影をいっそう際立たせた。パパとママの間を泳ぐお魚の影と混ざって、万華鏡を見たようだった。

海と同じ色をしたナポレオンフィッシュが、パパを横目に見て、ゆっくりと横切って行った。

波の音が、歌のように耳をなでて、夢のようなひととき。とってもとっても幸せな時間だったたって。

「また、四人で行こう!」ってパパは言ってくれた。

うん! 行きたい! 行きたい!!

絶対ね! 約束だよ!!

新婚旅行にはアクシデントやハプニングはつきもので、忘れられない困った出来事もあった。

グリーン島に向かう船の中で、同乗していたお客さんに、故意ではなかったけど、服を汚されちゃったんだ。

「そこだけは、残念やったなぁ」

船のスタッフに事情を話し、汚れた服の替えにスタッフさんが着ているのと同じTシャツや上着をもらった。もらった服はとても気に入っていて、ノビノビのボロボロで穴があいているのに、パパは今も着ているよ。

カンガルーに近づいたり、コアラを抱っこしたり、いろんな体験をしたオーストラリアは、パパとママにとって最高の場所になった。

「ここに住めたらなぁ」と思いながら日本に帰ってきた。

楽しくて、最高な思い出がまたひとつ増えて、パパは幸せだった。

パパは子どもがほしい

新婚生活が何か月か過ぎた頃、前から二人で話していた「子どもがほしい」という思いを、また話し合うようになった。

パパは子どもが大好きだし、もしパパが先にこの世を去ったとしても、ママを守ってくれる存在がほしいって思ったんだ。

パパは、自分が性同一性障がいだから子どもが持てないって、ママにあきらめてほしくなかった。

パパは、ママに「子どもをつくろう」と話をした。

パパ自身、この時子どもをつくるか、おちんちんをつける（陰茎形成）手術をするか、どちらをとるか考えていたようだ。お金の問題や生活面を考え、同時にどっちもすることは無理だった。

パパは自分の手術より、子どもをつくることを選んだ。

子どもが本当にほしくて、ほしくてたまらなかったから。

パパとママが話の結論をまだ出せずにいた頃、二人の親友、アスカおばちゃんに子どもが生まれた。

子どもがいない自分と比べて辛くなったパパは、アスカおばちゃんと遊ぶことが減っていった。

「子どもがほしい。父親になりたい」という思いが、パパの中で、大きく、強くなっていった。

ママは、ずっと悩んでいた。

ママは、自分が母親になれるのかという不安とか、人工授精で子どもを授かることへの抵抗とか、いろんな思いがあって、一歩踏み出せずにいたみたい。

パパは、ママの気持ちが決まるまで待った。

そして、いっぱい悩んだママは、パパにこう言った。

「あなたの残りの人生楽しく生きてほしい。私だって子どもがいらないわけじゃない。だから、いいよ」


パパは本当に嬉しかった。

ボクも嬉しいなぁ。だってパパとママの子どもに生まれたかったもん。

パパとママは、ＡＩＤ（非配偶者間人工授精）をすることにした。

ボク、来たよ！

ママのお腹に新しい命が宿った。ボクだ。

パパは不思議な感覚になった。

人間のお腹の中で人間が育ち、生まれる。「妊娠・出産は本当に神秘的なことなんだ」って、パパは深く考えるようになっていた。

パパは、小さな小さなボクを見るために、いつも検診に付き添っていた。ママのお腹の中で毎回成長するボクを見て、嬉しくてたまらなかったんだって。

「お腹に新しい命が誕生した時からパパの子育ては始まっているんだ」って、パパに聞いたことがあった。母親だけが子育てをするわけじゃないし、お腹の子どもを感じるわけじゃない。

だから、大きくなっていくママのお腹に手を当て、耳を当て、パパは話しかけていた。ボクは最初、じっとしていたけど、お腹の中で動き始めた。パパはお腹に手を当てて、ボクの動きを感じ取る。

ボクは、ママのお腹をいっぱいけった。

パパは本当に嬉しくて、楽しみでしかたなかった。

ボクが生まれてくる準備をする二人。小さな服と靴下をそろえ、ベビーカー、チャイルドシート、オムツ……。必要な物を買い込んだ。

二人でボクの名前を考えている時も、ワクワクしたみたい。パパとママは、名前にも意味を込めた。そして、男の子でも女の子でもどちらでも使えて、性別にとらわれない名前にした。

ボクも大好きな、ボクの名前。

パパの「早く生まれてきて～」と言う声がよく聞こえていたよ。

パパたちは大阪での生活をやめて、兵庫県の田舎にある自営業をしていたパパの実家に帰ることにした。

子育ては、豊かな自然に囲まれた、のんびりとした環境でしたいと考えたから。自営業ということもあり、いつかは帰ってその仕事を継ごうとも決めていたパパだったけど、いざ帰ってみると、大阪での暮らしが一気に恋しくなった。

実家の近くには病院も少ないし、お買い物できるお店も遠い。

加えて、あの日言われた「親不孝者」という言葉が、頭の片隅をよぎっていた。毎日暮らしていくうちに、昔のパパを知っている人たちの中で暮らすことの難しさをヒシヒシと思い知る。

甘く考えていたと言われれば、その通りかもしれない。でも、「決めたのは僕だ」と、パパは自分に言い聞かせていた。

家族がここで生きていけるように、道をつくっていくしかない。

ママのお腹の中でボクは大きくなって、「そろそろ出たい

な」と思っていた。

予定日の一か月前の検診の日、先生の「まだ生まれないね」という声が聞こえた。

でも、次の日の朝、ママの身体に異変が起きた。あわててパパと一緒に病院へ向かい、そのまま入院することになった。

ママは破水してたんだって。

でも、ボクが通るみちはまだ狭くて出られないから、ボクはまだお腹の中にいた。ボクが出やすいように、看護師さんがママの身体に注射や点滴をした。

そうして丸一日が過ぎた頃、「診察」と言って看護師さんがママを連れていった。

何分経ったかな。

パパが不安になってママが連れていかれた部屋の前に行くと、ただごとではないような声が聞こえてくる。


「もしかして産んでる?」


不安は大きくなっていた。そしたら、院長先生に呼ばれた。

「今産んでるんやけど、なかなか産まれないから、このままいったらお腹の中の赤ちゃんが弱ってしまうから帝王切開に切り替えたい。それに同意してほしい」と言われたんだって。

急にそんなことを言われて、パパはびっくり！

「もっと前からきちんと説明してよ！　産んでるやん！　診察って言ったのに！」と書類にサインしながら、病院に対して怒りが込み上げてきた。

部屋の様子を少しだけ見せてもらった。

その時の光景は、ずっとパパの目の奥に焼き付いている。看護師さんがママのお腹の上に乗っかって、お腹を押さえつけてボクを出そうとしていた。

母親が子どもを産むことがどれだけ大変なことで、命がけなのかとすごく考えさせられた。

父親の無力さと同時に、母親の強さを感じた。

パパは、ママとボクの無事を祈りながら待つしかなかった。

そして、パパが待ちに待ったこの瞬間が訪れる。

二〇〇九年一一月。ある、秋晴れの日の昼下がり。

「パパ、ママ、お待たせ！」

ボクは、まだ言葉にできない言葉を産声にかえて、元気いっぱい、挨拶した。

第2章 父親になった僕

僕の心はジェットコースター

僕は、分娩室から聞こえてくる我が子の泣き声に、ホッとした。

生まれたての赤ちゃんの顔って、どんな表情なんだろう。
どれくらいの大きさだろう。
元気なのかな。
そんなことを考えていた。

看護師さんが、おそらくいつもそうするように、僕に声をかける。

「お父さん、抱っこどうぞ」

こういう時の、ごく当たり前の一言が、僕には嬉しくてたまらなかった。僕も父親になったんだと、しみじみ感じた。

我が子を抱きかかえた瞬間、「小さな我が子が僕の腕の中で生きている」ぬくもりを感じた。それと同時に、妻にひたすら感謝した。

「ありがとう」という言葉では足りないくらい妻には感謝した。そして僕は、あなたも子どもも守るから、と誓った。

一か月早く、低体重で生まれてきたけど、元気で問題はなかった。妻が病室に帰ってきて二人きりにしてもらい、妻に感謝の気持ちを伝えた。

妻からは「帝王切開になったために、立ち会いができなくなって、ごめん」と返事がきた。胸が、いっぱいになった。

その日のうちに、病院から出生届を渡され、僕はウキウキしながら、子どもの名前と、父親の欄に僕の名前、母親の欄に妻の名前を書いた。書くのがこんなに嬉しい書類は初めてだった。

その中に、こんな文字があった。

「嫡出子」、「嫡出でない子」

僕はまず、この字が読めなかった。意味もわからなかった。

まあ、次の日に市役所に提出するから、窓口で聞いてみるか。軽い気持ちで病院を後にした。

次の日の朝、病院に行く前に出生届を提出するため、市役所に行った。

窓口で対応した職員は、同じ中学の先輩だった。

僕はまず読み方を聞いた。

「ちゃくしゅつし」と教えてもらい、次に意味を聞いた。すると、職員は急に、出生届を僕の前から奥へと持って行ってしまった。

難しい顔をして、他の職員と何か話している。

僕は「あっ、でたでた」と思った。

こちらをチラチラ見ながら話し込む、二人の職員の態度に、いつもことあるごとにまとわりつく、あの嫌な予感がした。

今まで何度も味わってきた、「何言われるかはわからないけど、嫌なことを言われる」予感。「あなたの場合はダメなんですよねぇ〜」なんて、うわべだけは申し訳なさそうにして僕をしいたげる、あの、嫌な感じ。

しばらくすると、「今、法務局の方に連絡をしているのでちょっと待ってください」と言われた。

はっ？

僕は爆発してしまった。

「何で、勝手にそんなことするん？　僕は嫡出子の意味を聞いただけやろ！」と言ったが、何も返事は返ってこない。

「それで、意味は?」と聞くと、「結婚している夫婦の間に生まれた子です」という。

「何が問題あるん? 僕ら結婚してから子どもつくって生まれてるやん。しかも、意味聞いてるのに、それには答えんと、何も言わず勝手に持って入って! 勝手に法務局に連絡して! 何でそんなことするん?」

そんなことを言い合っていると、法務局から回答が来たのか、奥から他の職員も数人出てきた。そして、言葉を濁しながら言う。

「事例がないことだから。ちょっと今、返事待ちだから……」

「何でなん? 僕ら結婚してからできた子やん。だから嫡出子やし、僕が父親やん」

僕は気持ちを抑えながら言った。

すると、言いにくそうな感じで、「えーと、これは誰からの……」と言うから、「そうや、AID(非配偶者間人工授精)や」と僕は答えた。

本当なら戸籍と照らし合わせて対応するところを、僕の場合は違った。

最初から知られていたのだ。

僕が名前を変更したことも、性別を女性から男性へ戻したことも知っていて、僕を見ただけですべてを判断した。

本当に、本当にイライラしてきた。

僕を見るその目。

僕は悪いことしてないのに。

職員たちは、僕が何を言っても「事例がないから……」と言うばかりだった。

僕は、腹がたって腹がたってしかたなかった。

「そもそも、生来的男女の夫婦がＡＩＤをしたら、認められてるやん。何で僕らはあかんの？」

「血縁がないのがあきらかで、性別の変更もされてるし……」

「じゃあ、何で生来的男女の夫婦の場合は認められるん？」

「わからないから……」

「何？　僕らはわかるから認められんの？　そんなん差別やん。差別するんや！」

「いや、そういうわけじゃないんですけど……」

「そしたら生来的男女の夫婦が、私たちＡＩＤしたんです。と言ってきたらどうするん？」

「そんな人いません」

僕はあきれかえった。市の担当者がそんなこと言うんや。しかも、そんな差別を平気ですする。その、自覚もなしに。

僕は、「父親の名前は消さない」と告げた。

すると市の担当者は、もう一度法務局に電話をしに行った。その時は、僕に「聞いてもいいですか？」と許可を求めてきた。

何だ、いまさら。

最初から、きちんと事の説明をした上で、「私たちでは判断できないから法務局に連絡してもいいですか？」と言うべきじゃないのか。

またさらに腹がたち、イライラがおさまらなかった。頭がガンガンして、気分も悪くなってきた。

どれだけ時間が経ったかわからない。

ずっと押し問答を繰り返していたが、結局解決しなかった。このままここにいても無意味だ。法務局からの回答もまだだし、病院の面会時間も迫ってきた。

僕は市役所を後にした。


病院へ向かう車内でも納得がいかず、イライラがおさまらなかった。これからどうしたらいいのか？　めちゃくちゃ考えた。

僕はまず、カウンセリングを受けていた病院の先生に連絡をとって事情を話した。「性同一性障害学会」理事長で、大学教授の大島俊之先生（二〇一六年に逝去）を紹介してもらって、すぐに調べ、大学に電話をかけた。不在だったので、かけ直してもらえるようにお願いし一度切って、電話を待った。

僕は、知らなかった。

特例法（性同一性障害者の性別の取扱いの特例に関する法律）

ができ、僕たちは結婚できるようになった。当然のことながら、父親にだってなれると思い込んでいた。

法律は、何よりも血縁関係を重視していること。その法律に沿ってしか進まない書類も当然、血縁を示すものがないと通らないということ。これらのことをまったく知らず、また、想像もしていなかった。

妻の病室で僕は泣いた。

こんなに泣けるのかというくらい、泣いた。

妻もまだ傷もいえず痛いのに、僕を気遣ってくれた。

「もう、日本から出たい」と言いながら、「僕、市長になる。僕が市長になったら認めるのに」と、悔しさのあまりわけのわからないことを妻に言い続けていた。

その時はもう、頭の中もぐちゃぐちゃでパニックになっていて、何もかも投げ出したいくらいすべてが嫌になっていた。

悩みに悩んで、悩みぬく

妻の病室を後にし、帰路についた。車の中でも、涙は止まらなかった。

どうして、国は僕を「男として」生きていいと認めたのに、妻とは結婚し夫婦になったのに、なぜ「子どもの父親」にはなれないのか？　どうして、他の男性と同じ扱いを受けられないのか。なぜ、こんな差別を受けないといけないのか。

幸せの絶頂だったのに、一夜にして、どん底に突き落とされた。「当たり前」のことが、僕たちには認められない。いろんな思いが頭の中を巡り、自分を責めた。この時ほど、自分が「性同一性障がい」だということを憎んだことはない。

これまでは問題があったとしても、まだ何とかなっていた。でも、今回の問題は違う。そう簡単に、何とかできそうになかった。

市役所からも連絡があり、「血縁がないことがあきらかだから、嫡出子としては認められない」と、はっきり言われた。

そして、特別養子縁組を勧められた。父親の欄の名前を消し、「嫡出でない子」に印をつけて、提出し、それを市が受理する。その後、家庭裁判所に特別養子縁組の申請をしてください、とのことだった。

僕はもちろん納得がいかず、その場で「するつもりはない」と断った。

育児放棄している人、虐待している人でも父親になれるのに、どうして血のつながりという部分だけで判断するんだ。

もっと大切なものがあるだろう、と思った。

それでも、市と何回も同じやりとりをする中で、特別養子縁組しかないのかと一瞬考えた。

ここ数日間の押し問答で疲れきっていた僕は、もう、これ以上考え悩まなくてもいい方向に心が揺らいだのだ。

だが、いやいや、「やっぱり違う」と我に返り、これからどうしていくか、もう一度よく考え直すことにした。


大島先生からも連絡があり、弁護士に相談することを勧められ、無料相談に行った。これが、まったく話にならなかった。

では次はということで、大島先生の紹介で朝日新聞の記者と会った。とても親身になって話を聞いてくれる方だった。これはもう、世論の力を借りようということで、取材を何度か受けることになっていった。

それと並行して、こちらも紹介していただいた弁護士の先生にも相談し、今後どうするか、話し合いを進めた。


その間も、市との話し合いは続いていた。

戸籍ができないから、住民票ができない。やむをえず、国民健康保険、乳児医療などを受けるために、特別な措置をしてもらい、最低限のことは他の子と同じように受けられるようになった。

でも、話し合いの中でもずっと特別養子縁組を勧めてくる。僕は「する気はありません」と言い続けた。妻も「なぜ、自分で産んだ子どもと養子縁組しないといけないのか」と怒りをぶつけた。

僕は、納得のいかないまままあきらめたくない。

「このまま」では、子どもに負担をかけることになるかもしれない。だが、いつか、子どもに胸を張って伝えたい。

自分がおかしいと思ったことに声をあげることの大切さを、父親として、その姿を通して見せなければ、と思っていた。

それに、自分がこんな理不尽なことに直面していながら、そこから逃げて、子どもたちの時代にこんな差別を残すことはしたくなかった。

この問題は、僕たちだけのことじゃない。

他の同じような夫婦も直面し、辛い目にあっているはず。

みんなが同じように扱われるようにするために、「いま」闘うんだ。最悪な結果になったとしても、何もせずにあきらめるより、できる限りのことをしてからあきらめた方がましだ、と思った。

一番に声をあげ、行動していくのは大変なこと。

それでも、僕は子どもの父親として、闘うことを選んだ。

僕がこのように決断できたのも、そばで寄り添って応援してくれる妻がいたからだ。本当は自分も辛いはずなのに……。一緒に闘ってくれた妻には、本当に、本当に感謝している。

僕たちは、ひとりぼっちだった

闘う覚悟はしても、今住んでいる場所に、僕たち家族三人の居場所がないような雰囲気だった。周りにいる誰も、覚悟を後押ししてくれるような様子はなかった。子どもが生まれ、嬉しくて幸せなはずなのに、周囲の反応は違う気がした。

心から祝福してくれているのだろうか？

「子どもがかわいそう」

「親のエゴだ」

「戸籍つくってあげたら……」

「戸籍にこだわらんでもいいやん……」

これらの言葉が、周囲から聞こえくる。


そんな中、以前から取材を受けていた朝日新聞に僕たちの記事が載った。二〇一〇年一月一〇日の朝刊だった。

すると、他のマスコミからも数時間のうちに次々と連絡がきた。僕は、どの社からの取材の申し出も断らなかったので、次から次へとカメラやボイスレコーダーを向けられることになった。


自宅まで来た記者もいた。

住まいが、どうしてわかったのか?

その記者に尋ねると、「市役所で聞いた」と。

何てことだ。

僕は腹もたったが、あきれかえった。開いた口がふさがらないというのは、このことかと。僕も妻も心がボロボロになりかけていた。

ただでさえ、嫡出子問題のことで市への不信感は膨らみ、周囲のギクシャクした空気にのまれそうになっていたのに、とどめを刺された気がした。

周りの雰囲気も悪く、このままここには住めないと思った。

当時、衆議院議員をされていた井戸まさえさんから連絡があり、いろいろと助けていただいた。当時の法務大臣・千葉景子さんとの橋渡しもしていただいた。

ニュースや新聞で取り上げられたことを受け、大臣も会見を開いた。

「早急に改善に取り組みたい。（生物学的な父子関係がなくても）認めているケースがあるのに、片方を認めて、もう片方を駄目とするのは、差別というか無理がある。
改善すべき点がある。その上で法整備が必要なのか、運用で可能なのか、できるだけ早く議論を進めたい」

僕たちに希望の光が見えた。

これで認められて、同じ扱いを受けられると思った。

よかった。人目を我慢してでも、記事にされたかいがあった。そう思った。


でも、それもつかの間。

すぐに会見の言葉が撤回され、「生殖医療全体にかかわる案件で法改正も含めた検討が必要」と言い換えられた。この「検討」という言葉を聞いた時、もう動かないな、国は何もしないな、と感じた。


僕はまた、どん底に落とされた。

でも、我が子は生きている。日々成長し、大きく育っていく。

何とかしないといけない。

「戸籍」がないけど、住民票だけでもつくってほしい、と県の方にお願いしたが、県は「何もしない」と言ってきた。

もう、無理だ。

僕は、故郷を出ることに決めた。

このままここにいては、家族がむちゃくちゃになると思ったからだ。僕たちは逃げるように大阪に引っ越した。

家族三人での新たな生活。

新しい土地での生活は、とても新鮮で、問題は解決しないままだけど、自分たちのことを知らない人たちに囲まれ、気持ちの面ですごく救われた。

周りから見れば、どこにでもいるような家族の風景に見えたと思う。

ベビーカーを押しながら散歩をしたり、買い物に行ったり、遊びに行ったり。子どもがいるだけで、今まで二人で見ていた景色も変わって見えた。子どもの笑っている顔を見ると、癒され、力をもらい、がんばれた。

家事に育児にと、毎日フル稼働の妻。特に授乳は「母」にしかできない尊い行為。僕は、自分にも同じように「父（＝僕）」にしかできない何かを子どもとしたかった。僕にしかできないこと。そうだ、自分の人生を、今降りかかっている問題と向き合う父の姿を、伝える

ことだ。
子どもとゆっくり向き合う時間を持つ場所として、お風呂を選んだ。裸になるから、僕のすべてを見せることができる。毎日のお風呂のおかげで、子どもとコミュニケーションをとることができた。

育児も何もかも初めてのことだが、それが楽しかった。おっぱいがほしいと泣き、オムツを替えてほしいと泣く子ども。赤ちゃんなりの意思表示。

この子の「いま」は、「今」しかない。だから、一緒にいたい。

僕は、僕と妻の二人の手で我が子を育てたかった。夫婦でともに、我が子の成長を見ていたかった。昨日と今日の差がほとんどない大人とは違う、一日経てば大きな成長が見て取れる赤ん坊の頃だからこそ、毎日一緒にいて、妻とともに子育てをしたい。

子育ての日常の中で、ふと、ぼんやりと考える。

妻にはしんどい思いをさせてしまっている。子どもの戸籍はつくられず、先が見えない。周囲から僕と一緒になったために批判されたりと、精神的にも辛い思いをしているのに、がんばり続ける妻。ごめんな。

それでも、並んで寝息をたてる妻と我が子を見ると、僕はホッと癒され、温かい気持ちにさせられた。二人はそっくりな、優しい顔をしていた。

パパは我が子にメロメロだ♡

赤ん坊の成長というのは、本当に早い。泣いて意思表示することが多かったけど、笑うようになった。手や足を動かし、身体を使って、僕たちに伝えようとがんばる。

今子どもが、何を言いたいのか、伝えたいのか、妻と話をしながら読み取るのも楽しい。寝返りをするようになったり、ズリバイをしたりするようになった。その次は、離乳食、お座り、ハイハイ。立っちができたかなと思えば、いつの間にか歩き始めた。

乳児から幼児……。すくすく成長していく我が子。ひとつひとつの行動、成長がかわいくてしかたなかった。「親ばか」だと言われても、ともかく、かわいかった。

僕はこんなに愛情を持って育て、大切な我が子を守ろうとしているのに、法的に「父親として」認めてくれない。

こんなことがあっていいのか。血縁がそんなに大切か。血縁がすべてじゃないはずだ。

「戸籍」なんてなくなればいいのに……。そう思いながら、子どもの寝顔を見て涙がこみ上げてくる夜もあった。

大阪での生活は、本当によかった。
そこでは、いろいろ話し合い、こちらの条件ものんでもらった。住民票もできた。何とかしてあげようと耳を傾けてくれた。ありがたかった。
今まで住民票がなかったから、子どもの健診の通知や、番号がなかったけど、ここでは、他の子と同じ形で健診も受けることができた。

ところで、健診にも僕はついて行っていたが、その内容にも、思うことがいっぱいあった。

一歳ではこれができる。二歳ではこれができる。など、その年齢に応じてあることができているか、できていないか、という感じのチェック形式の健診がある。「この課題ができていないと遅れている。発育・発達に問題があるのでは……？」とすぐになる。

一般的な基準かもしれないけど、その子、その子で違うでしょ。

我が子は同じ歳の子と比べたら、できていないこともあり、言葉が遅れていたりするので、発達障がいを疑われた。

でも、この子のペースで一日一日できることも増えているのだ。数時間の健診では無理があるとわかってはいても、他の子と比べず、数日前、数か月前のこの子と見比べてほしいと思った。

発達のスピードは遅くても、一生懸命できることをやり、できないことをがんばり日々過ごしている。

三歳半健診の時、子どもに性別を聞く質問があった。

「おとこのこ」「おんなのこ」と答えないといけないのか？

我が子は、「パパ」と答えていた。

僕たちは、子どもに性別の話はしていない。「男の子だ」と言ったことはない。この時の保健師さんは「おとこのこ」と言ってほしかったようだ。

ちなみに下の子は、同じ三歳半健診の時、「ボクはボク」と答えた。


当たり前のように、「おとこはおとこ」「おんなはおんな」と、性別は二つだけという考えがある。それはもう、違う。

今ではＬＧＢＴやＳＯＧＩといった言葉が、頻繁に行き交うようになってきている。一方で、「生まれてきたままの性でいないといけない」という考えも根強く残る世の中。そうじゃないと気持ち悪がられたり、排除されたり、差別、偏見を受けたりする。

こんなことがあるたび、この世の中にある「一般的」や「普通」といった言葉を考えさせられる。


多数が普通。少数が異常。まだまだそんな世の中なのか。

「みんなちがって、みんないい」

こっちの方がいいのに。


平凡な日常を送りながらも、子どもの戸籍の件は解決していない。

取材、弁護士との打ち合わせ、国に対しての活動、講演など、もちろん初めてのことばかり。それでも手探りで、迷いながらも、たくさんの方の協力を得ながら、がんばって前を向いて歩いていた。

僕は、この問題が起きてからの活動全般、例えば東京に出向く時や講演会などへは、いつも家族と一緒に行った。

僕から始まったことかもしれないけど、「家族みんな」で闘っていることだから。

僕は、ゆくゆくは子どもたちにすべてを話すつもりでいる。だから一緒に連れていき、僕と同じ環境にいさせたかった。父として、子どもたちに背中を見せることで、子どもたちにも、いつかわかってくれると信じて、いつも家族で行動をともにした。

講演会の参加者にも、直接「かぞく」というものを見てもらいたかった。
まだ小さな子どもを連れ歩くのはいかがなものか、という意見ももらった。もちろん健康

状態も考えているし、僕たち家族なりに意味を持って行動していた。

声をあげたことで、傷つくこと、失うこともいっぱいあったが、それ以上にたくさんの人との出会いがあり、なかなか経験できないこともたくさんさせてもらった。それは僕にとって、とてもプラスになった。

問題解決に向けて何も進展のないまま、月日だけが過ぎ、気づけば我が子が生まれて二年が経っていた。

二年間、無戸籍。

何度か法務省にも足を運んできたが、二年経って言われた。

「裁判を起こした方が早い」と。

法務省は、何も前へ進もうとしてくれなかった。唯一したことといえば、厚生労働省との責任のなすり付け合い。

国からも見捨てられ、僕たちの選択肢はたったひとつ。それしかなかった。

もうコレしかない！　裁判を起こしてやる!!

「裁判を起こす」

「なぜ、裁判を起こしたのか？」と聞かれる。残された道が、もう「裁判しかなかった」からだ。

このまま国に対して活動し続けても、時間だけが過ぎ、そのうち本当にどうしようもなくなる。

最後の手段として特別養子縁組を考えてはいた。これをするには、子どもが六歳になるまでという年齢制限がある。「事実上養育している」と認められたら期限が八歳まで延びる。

だから、ズルズル活動していてもいけないし、法務省に言われてしまったから、今後何をしても僕たちの声は届くことはない、とわかった。

裁判を起こさざるをえなくなった。

選択肢がついになくなった僕たちは、裁判をするために弁護士に相談し、最適な方法を考えた。

裁判をするために、本籍を東京都新宿区に移した。

この件に賛同した先生方が集まってくれて、弁護団も結成された。この頃僕たちは、心から信頼できる弁護士の先生に出会えた。

弁護士の先生方も、本当に僕たちのことを考えて、いろいろと試行錯誤してくれた。これからの方向性も示してくれた。とても心強かった。

二〇一二年三月二一日、東京家裁に「戸籍訂正許可申立」をした。

僕たちにできることはした。提出書類などは専門的なことばかりなので、弁護士の先生に任せることが多かったが、僕たちは自分の声で、思いを伝えに行った。

周囲は、賛否両論。いろんな考えがあって、人それぞれ違う。

応援してくれる人もいれば、僕たちが訴えていることを否定する人、賛成できない人も、もちろんいると思う。勝手な想像で、陰でこそこそ好き放題言ったり、ＳＮＳなどに書きたい放題書く人もいた。

そんなのを見たら、もちろん傷つく。

でも、僕の気持ちは変わらない。裁判を途中でやめる気はなかった。

やった！　家族が増えた！

そんな中、妻は二人目を妊娠。

僕たちは、上の子にきょうだいをつくってあげたい。その思いがあった。僕自身、子どもがたくさんほしいという願いもあって、二人目をつくることにした。その時も周囲から言われた。

「何で二人目つくるん？」

「こんな時に何でつくるん？」

「子どもがかわいそうだ」

「親のエゴだ」

どうして、こんなことを言われないといけないのか。

夫が「性同一性障がいである」夫婦は、子ども

をつくることも、チャレンジすることも、他のたくさんの夫婦と同じように生きたいという思いも、持ってはいけないのか。

僕のもとに生まれてくる子どもは「かわいそうな子」なのか。かわいそうかどうか決めるのは、本人たちだ。

子どもをつくると、なぜ周りから批判されたり、傷つく言葉を投げかけられたりするのか。二人目、三人目がほしいと思う夫婦は、世の中に大勢いる。それと同じだ。

生まれてくる子どもを心から祝福してもらえない。それは僕が性同一性障がいだから？　子どもが成長し、事実を知った時にショックを受けるから？

僕たち夫婦は、安易な気持ちで子どもを望んだわけではない。僕も妻もいろんなことを言われ、本当に悲しかった。

子どもは妻のお腹の中で成長し、生まれてくる日が一日一日と近づいてくる。上の子も日々成長し、妻のお腹に手を当て、お腹の中の赤ちゃんを感じている。

そんな様子を見ていると、辛いことも忘れ、またがんばろうと思う。

上の子は、お気に入りのタオルがあって、どこに行く時も離さず、ボロボロになって穴があいてもずっと持っていた。

落ち着くんだね。

こういった子どもの行動からもわかる。子どもなりに思うこと、こだわり、いろんな感情がある。赤ちゃんだから、まだ小さいからと、何もわからない、考えていないなどということはない。大人より気持ちを読み取る力がある、と思う。

親の顔色をうかがい、感情を読む。今、お父さん、お母さんがイライラしてる。怒ってる。笑ってる。楽しんでる。すごく読み取って、感じている。

お腹にいる赤ちゃんも、同じだ。

お母さんの言葉を聞いているし、気持ちを感じている。周りの人の言葉もまた、同じように感じているのだ。

生まれてくる前から「かわいそう」と言われたら、赤ちゃんはどう思うだろう。

何がかわいそうなのか？

僕たち夫婦の間に生まれたことは、不幸なのか？

上の子も、お腹の赤ちゃんも、「かわいそう」「かわいそう」。

この子の顔を、ちゃんと見てほしい。

かわいそうな顔してる？　かわいそうに生きている？


僕は、そうは思わない。


僕たちが抱っこをしたら笑顔になる。僕たちと公園に行ったり、買い物に行ったり、喜んでどこへでもついてきて、遊んだりする。

父親、母親が誰だか、ちゃんと認識している。

この子たちの日々の生活を見もしないで、何も知らないで、「かわいそう」の一言で終わらせないでほしい。


そして、二〇一二年五月。二人目となる我が子が誕生した。

この子も予定日より一か月ほど早く生まれた。出産は帝王切開だったので、僕は上の子をひざに乗せて病院の椅子に座り、手術が終わるのを待った。

看護師さんが、生まれた子をすぐ僕のもとへ連れてきてくれて、「お父さん、抱っこどうぞ」と抱っこさせてもらった。

いいなぁ、この感触。

数年前の、この時と同じ状況が思い出されて懐かしく、新しい命を抱きかかえている重みも感じた。上の子とともに、この子も守っていかなきゃ、と強く思った。

「戸籍」の件は解決していない。当然この子も、無戸籍になってしまう。一日も早く問題を解決できるようにがんばるからな、と誓った。

「お疲れさま。ありがとう」と、まだ麻酔でボーっとしている妻にささやいた。

上の子と同じように、病院で出生届をもらった。

今度はもう、どうなるかわかっているから心の準備もできている。漏れがないように全部記入して、上の子と弁護士の先生と一緒に提出しに行った。当

時、本籍を新宿区に移していたから、新宿区役所まで。

「訂正してください」と言われたけど、「訂正する気はない」と答えた。当然、このままだと「受理できません」との返答。

僕は「訂正しません」と改めて言い返し、あとは弁護士の先生に任せた。

そして、下の子に関しても、ここから闘いが始まった。それと同時に、また同じことを言われる。

「戸籍をつくってやれや」

「親のエゴだ」

「子どもがかわいそうだ」

生まれる前から言われていたことを、生まれてからもさらに言われた。

でも、周りからどんなに言われても、僕の闘う気持ちは変わらない。

上の子は、弟をひざの上で抱っこしてみたり、頭や顔をなでてあげたりと、優しいお兄ちゃんの姿を見せる。でもやっぱり、まだかまってほしい年だから、気をひこうとしたりする。

それもまた、かわいい。

二人の退院と同時に、にぎやかな日々が始まった。

僕は、下の子ともずっと一緒にいて、日々の成長を見ていたかった。お風呂も、一人が二人になったけど、全然苦にならなかった。

大切な我が子だから。

上の子は、下の子をよく見てくれるようになった。おもちゃを枕元に置いてあげたり、お腹をトントンしてあげたり、お兄ちゃんとしてできることを一生懸命しているように見えた。

僕が仕事に行く時には、「いってらっしゃい」と言葉はまだしゃべれないけど、玄関まで来て見送ってくれる。

帰ってきた時には、笑顔で走って迎えに来てくれる。勢いよく抱きついてくる小さな身体を受け止める瞬間がまた、たまらない。

一日の疲れを忘れるというのは、このことだ。

一緒にご飯を食べ、お風呂に入り、みんなで並んで寝る。小さなことが、当たり前のことが、とても嬉しくて、胸がいっぱいになる。

何でこんなにあっさりしてるんだ!?

二〇一二年一〇月三一日、東京家裁は上の子の「戸籍訂正申し立て」を却下した。

あっさりと結果が出た。

上の子を抱き上げ、伝えた。

「パパ、パパって認められんかった」

すると、小さな手で僕をギュッと抱きしめ、顔を見てニコッとしてくれた。僕は「またがんばるからな」と誓った。

家裁には却下され、二〇一二年一一月一三日、東京高裁に申し立てをした。それから一か月も経たないうちに東京高裁の結果が出た。

二〇一二年一二月二六日、「棄却」

泣いた。

こんな短期間で数行の結果を突きつけられ、僕たちはどうしたらいいんだろう。納得できなくて、怒りもこみ上げてきた。

何を読んで、見て、判断したのか……。「差別だ」と訴えていることに関して、何とも思っていない。僕たちの思いは、ないがしろにされた。

言葉にならなかった。大切なことを、こんな簡単に結果を出していいものかと、本当に腹がたってしかたがなかった。

そして、裁判をどうするかという話が、弁護団の中で持ち上がったようだ。このまま最高裁に上げてしまうと、これが本当に最後の結果になってしまう。

この時点で、最高裁に上げても結果は目に見えていると、誰もが感じていたのだろう。最高裁の

決定が出てしまえば、もう、何もできない。

もう少し講演活動などを地道に続けてみてはどうか。下の子については、別に訴訟を起こしていたので、そちらにかけてみてはどうかという意見も出た。いや、最高裁までいこう、という先生もいた。


僕のところに連絡が来た。先生の話を聞いてから僕は、「最高裁までいきます」と答えた。


途中であきらめることはしたくない。

これで、すべてが決まってしまう怖さはあった。だけど、活動を続けたとしても、二年間ほったらかしにしていた国が、数か月、数年で変わるわけがないとも思った。

自分の思いを弁護士の先生に伝えた。弁護団の先生方もそれを受け入れてくれた。

僕たちは、最高裁まで闘うことを決めた。

二〇一三年一月四日、最高裁へ申し立てをした。チラシをつくって配ったり、横断幕を手書きして訴えたり、裁判所へ自分たちの思いを伝えたりと、家族四人で行動した。

家裁は裁判官が一人だけ。一人が決めればそれが「決定」だ。高裁は、裁判官が三人。そして最高裁は、裁判官が五人いる。決定は多数決で下される。

僕たちは、五人の裁判官が結果を出すまで待った。

一方で、下の子は、上の子とは別に大阪で裁判をしていた。

上の子と同じことをしても同じ結果に終わるだろう。それでは意味がないから、弁護士の先生と相談し、違った形の裁判で攻めることにしたのだ。

二〇一三年四月一七日、大阪家裁に「親子関係存在確認訴訟」を起こした。僕と下の子二人の間に親子関係があることを法的に確認する、というものだ。

原告は僕。被告を下の子として、争いのない裁判をした。

下の子の判決の方が、先に出た。

二〇一三年九月一三日、認めてもらえなかった。すぐに大阪高裁へ控訴した。

嫡出子問題が起きてから逃げるように出た故郷だったが、僕はずっと、自営業に奮闘している両親のことが気になっていた。周りの同業者が世代交代していき、身体もしんどくなっていく中で、二人っきりでがんばっている両親。

二人の子どもはすくすく育ち、上の子は幼稚園に入る年齢が近づいてきていた。まだ戸籍の問題は解決しないままだが、右も左もわからずにもがいていた以前のことを思ったら、僕も妻も落ち着いてきている。

僕は、ゆくゆくは家の仕事を継ぎたいと思っていた自分ともう一度向き合い、子どもを「自分が育った田舎でのびのびと育てたい」という考えもあって、実家に戻ることにした。

両親からしたら、家を出ていったり戻ってきたりの僕たちは、迷惑だっただろうが、気持ちよく迎え入れてくれた。

両親に感謝し、僕は仕事に精を出した。

めっちゃ悔しい！　三人目が授かれない

ある日、上の子がお風呂から上がると、妻にこう言った。

「赤ちゃんがほしいな」

僕は僕で、子どもたちとの日々が変わらずバタバタと過ぎていく中で、忙しくなるだろうけど、三人目がほしいことを妻に話していた。

でも妻は、実家での生活や妊娠中のことなどを考えると、なかなか踏み出すことができなかったようだ。

それでも、三人目をつくる決心をしてくれた。

周囲に「三人目をつくろうと思う」と話をすると、こう言われた。

「二人で十分や」

「もう、かんべんして」

「これ以上、かわいそうな子を増やすな」

僕はもちろんのこと、直接面と向かって言われた妻が大きなショックを受けた。まだ裁判中で子どもの戸籍がちゃんとなっていないからなのか……？

子どもの将来を心配してのことなのか……？

「数を増やすより、二人としっかり向き合って子育てをし、グレさせないようにしな」と、妻は周りの人に言われた。

生来的男女の夫婦だったら、そもそもこんなふうにはならない。

子どもだってグレることがあったとしても、そんなことは僕たち夫婦の子どもだけに限らない。

周りからいい反応がなく、妻はそんな中で子どもを産み、育てることへの不安が増し、このことに関してすっかり気持ちをなくしてしまった。

でも僕は三人目がほしい。

そんなことがあってから、妻は三人目の話をすると涙を流す。

僕があきらめればいいだけのことかもしれない。妻の気持ちを考えれば、僕が一言「三人目はやめようか」と言えば妻は楽になるだろう。

でも、僕はまだそれが言えない。

こんなことがあるたび、「男に生まれていたら……」とやっぱり考えてしまう。そして、迷う。

僕たちはここで暮らしていいのだろうか？　結婚や子どもの誕生について、みんなの本当の気持ちはどうだろう？

僕たち家族ではなく、弟家族がここにいる方がいいのではないか？


昔の僕を知っている人たちは、僕とどう接したらいいのか、どう付き合えばいいのか、わからないのだと思う。

僕自身も、そうなのかもしれない。実のところ、こういった付き合いのことだけに限っていえば、僕は自分自身ときちんと向き合えていない気がする。

田舎の付き合いは、本当にいろいろある。冠婚葬祭や、昔からの伝統を大切にする祭が行われる季節には、「男と女」の、あまりにもはっきりとした境目が、見え隠れするのだ。

何とかなるだろう、と甘く見ていた部分があった。

だがもう、いまさら遅いことだ。後悔してもしかたがない。後ろを見るより、前を見て歩もうと、その気持ちをできるだけ考えないようにして過ごした。
いろんな葛藤がありながら、毎日子どもと向き合い子育てをしていた。

どーだ！　まいったか！
大逆転でつかんだ勝利!!

二〇一三年一二月一〇日。最高裁が「父親と認める」決定を出した。

逆転大勝訴！

僕は、一一日に弁護士の先生から電話をもらった。
「最高裁の結果が出て、父親として認められましたよ!!」
僕は、嬉しくて嬉しくてたまらなかった。
自宅のとなりの工場で仕事をしていた僕は、電話を切りすぐに妻のもとへ行った。「認められた！　最高裁で認められた！」と伝え、ハイタッチをして喜び合った。

そして子どもにも「パパがパパと認められたよ」と言った。意味はわかっていないと思うけど、僕たちが喜んでいる様子を感じ、子どもも嬉しそうにニコッとし、ハイタッチした。

やっと同じ扱いを受けることができるようになった。生来的男女の夫婦と同じように扱われ、これから生きていける！

差別や偏見がなくならない世の中で、小さいことでも、少しずつ差別を減らしていくために、みんなが同じように当たり前に生きていくために、行動すること。声をあげること。本当に大切だ、と強く思った。

僕は、興奮した気持ちを抑えるのに必死だった。仕事の途中だったから、とりあえず工場に戻った。

嬉しさで口元がゆるむ。これまでのこともいろいろ頭をよぎり、涙も出そうになった。僕はくしゃくしゃの顔で、機械と向き合った。

喜びに酔いしれる暇もなく、すぐにマスコミからの電話が嵐のようにやってきて、対応に追われた。

次の日に、東京で記者会見をすることになり、急きょ家族みんなで東京へ。妻とゆっくり喜び合うことも、できていなかった。

記者会見でも、僕の思いを語らせてもらった。

僕は、妻や子どもたち、弁護団の先生方、そしてこの件にかかわってくださった方、応援してくださった方に本当に感謝した。

会見を終えた夜、数人の方々が集まって祝勝会を開いてくださった。本当に、本当に嬉しかった。

誰かと一緒に喜び合えることが、こんなにも幸せなのかと思った。辛い日々だったが、闘ってきてよかった。


この奇跡に一番に涙を流し、僕たち家族と一緒になって喜んでくれたのは、血のつながりもなく住む場所も遠い、「気持ちのつながった」人たちだった。

祝勝会が盛り上がる中、妻の妹の夫である義弟から、急に電話がかかってきた。
妻は妹に僕のことを話していない。だから義弟も知らないが、テレビで逆転勝訴のニュースが流れていたため、それを見てしまったのだ。

「あれ、お兄さんですか？」と聞いてきた。

妻と話し合い、「実はそうなんだ……」と、正直にカミングアウトすることにした。もちろん、妻の妹の耳にも入っている。

妻の方からも、妹に事情を説明した。彼女は、隠していたことに最初怒りを見せたが、僕たち家族のことは受け入れてくれた。

妻の妹夫婦とは、この後も、お互いに前と変わらない付き合いをしている。真実を知っても変わらないということが、嬉しかった。


ずっと応援してくださっていた方々には、この結果を受けて、嬉しい、力になる言葉の数々をかけていただいた。

驚いたのが、この件に否定的だったり、冷たい言葉を言ったりしていた人たちが、急に「認められると思っていた」やら、「おめでとう」やらと、態度が一変したことだ。

「裁判って、でかいなぁ」と、僕は思った。

最高裁の結果で、人間ってころっと変わるんだ……。僕たちがどんな思いでこれまでいたか、わかって言っているのかな。

戸惑いはしなかったけど、何だか、少しだけ悲しかった。

数日して、弁護士の先生から書類が届いた。

役所に提出に行き、受理された。その次に本籍のある新宿区でも戸籍を訂正され、書類上でも「父親となる」ことができた。

下の子の裁判についても、訴訟を取り下げ、上の子と同じように扱われる手続きをした。

今回の決定で、僕たち以外の夫婦についても、法務省は通達を出した。お子さんがすでに「非嫡出子」と記載されていても、手続きをすれば「嫡出子」になるということだった。嫡出子にするかしないか、それぞれの夫婦で決められる。もちろん、これから生まれる子どもたちは、自動的に嫡出子になる。

僕たち夫婦だけでなく、どの夫婦もみんな同じように扱われるという、僕が目指していた結果になって、本当によかった。

僕は子どもに伝えたかった。「あきらめないことの大切さ」を。

これで、堂々と父親として生きていける。

二〇〇四年、特例法ができた。その当時がんばって声をあげ、今の世の中をつくり上げてこられた方々がいた。その努力は並大抵のものではなかったと思う。

今回、自分が直面し、初めて声をあげ闘っていくことが、どれだけ大変だったか、身にしみてわかった。

何でもそうだが、最初に声をあげることは、本当に大変だ。

裁判だって、生きていて、そうそうあることではない。

裁判を起こすにしても、みんなが賛同してくれるわけでもない。

しかも僕が起こしたのは、誰もやったことのない裁判で、精神面、金銭面が本当に辛かった。もっと辛かったのは、そばで支えてくれていた妻だろう。結果が出るたび、悔しい思いをし、何で？　何で？　と悩み続けた。

最高裁の結果で、僕たち家族は救われた。やりとげることの大切さ、小さな勇気がつくり上げた家族の絆を改めて感じた。

失うものもあったけれど、得たものも多く、生きていく上で勉強になった。

たくさんの方と出会うことで、自分の視野も広がった。

最高裁が結果を出したが、まだ僕たち家族の闘いは、終わってはいない。むしろこれからだ。

第3章 私はいつも、良のとなりで

私の「人生」って、何だろう。

小さい時は性格はおとなしめ。あんまり自分の気持ちを言えない子だった。小学生の時なんて、何をしていたのかほとんど覚えていない。おとなしめなりに、友達と大好きなお絵描きをしたり、図書室で大好きな本を読んだりして、楽しい時間もあった気はする。

中学は部活に明け暮れ、色恋沙汰はまったくなし。演劇部に入ったことで明るさを身につけ、大きな声で話し笑うようになった。

高校で入った吹奏楽部では楽器の楽しさを知り、部活にのめり込んでまた色恋沙汰はまったくなし。先輩後輩とも仲良く、毎日楽しい放課後を満喫。

その後入った専門学校でも、四畳半の下宿でイラストを描く課題に明け暮れ、やっぱり色恋沙汰はまったくなかった。それでもやっぱり、私は絵が好きなんだと再認識。同じ志を持つクラスメイトと過ごす毎日はとても刺激的で、幸せで楽しかった。

社会人になってからは、会社のことばかり考える日々。人間関係に恵まれてそれなりに仕

事をこなし、嫌な時も楽しい時もあったけど、真面目に、会社にどっぷり浸かって過ごしていた。

まあ、それなりに「普通」な人生。

そんな私が、やっとこさ出会った「彼氏」が、良だった。

良に出会い、私の「人生」はそれまでとは比べものにならないくらいグルグルと動いた。友達が増えた。考え方がガッツリ変わった。視野もめちゃくちゃ広くなった。

夫婦になり、子どもを授かって家族になった。

こんなハズじゃなかった！

私たち家族のスタートは、大きな事件で始まった。

良は性別適合手術を受けて「男性」に戻り、私と結婚したけれども、生まれた子の「父親」になれなかった。

法整備が遅れていた。「性別適合手術を受けて性別変更した」人の、その後のことまで法律に定められていなかった。

法「整備」なんて言ってはいるが、何て適当で無責任な「整備」なんだろうと思った。

理不尽だけれども、自分たちの気持ちを我慢して、この時にあった法律に従って生きていくこともできたはずだった。

でも、良はそうしなかった。苦しくなること、辛くなることがわかっていて、それでも、「闘う」決断をした。

私は、ついて行くことしかできなかった。いろんなことを思ったけど、「嫌だ」、「活動すること、裁判をやめてほしい」とは、良に言えなかった。

言ったって彼は聞かないだろう。それもよくわかっている。だけど、そもそも私が彼と結婚した以上、そばで彼を応援すべきなのは当然だろう。それができるのは私だけだと確信もあった。

長男が生まれてから約四年間、私たちは「家族」にすらなれずに「家族になりたい」と活動を続けた。講演会を開催し、法務省に何回か出入りして、裁判所の前でビラ配りもした。その間に長男は成長し、次男も授かって、乳幼児二人をかかえて行動しなければならなかった。

私たち夫婦が、私個人が、どんなに辛く悲しい毎日を過ごしていても、時間は他のたくさんの人たちと同じように平等に過ぎた。夜が明けると次の朝がきて、一日を過ごしたら日が暮れて夜がくる。

一か月が経ち一年が経ち、そうやって「寝ては起きて」を繰り返しながら四年が過ぎた。

私個人としても、本当に辛すぎた四年間だった。

それでも、四年が経ったある日、私たち家族にとって長く辛い月日が「最高裁の決定」という形で、とりあえず終わりを告げた。「とりあえず」とは、すべての問題がなくなったわけではないこ

とを、私も、おそらく良もわかっているからだ。

大体の人が「普通」に当てはまるのなら、私たちのような「普通じゃない」家族が生きていく上では多くの問題と困難がある。そのうちのひとつがなくなった。ただ、それだけのこと。


でも、そのひとつが大きかった。


慣れないマスコミの取材や、ネットでささやかれる心ない中傷に耐えてきた。取材を受けたことがテレビで放送される日には、何だかさらし者になっているようで、世間に知られていくのが怖く、すごく嫌だった。

近所の人や、まだ良のことを知らない友達が「ニュースで見たんやけど……」なんて連絡してこないかとびくびくしていた。

当時、良が性同一性障がいであることは、私の友達やきょうだいには話していなかった。隠そうとしていたわけではなく、あえて話さなかったのだけども、こうやって記事になって世間の目に触れるとなると、「隠している」ことが当時の私にはとても辛かった。

でもそれと同時に、そういう感情を持つこと自体が性同一性障がいに対する差別の意識な

のではと考え、すごく悩んだ。

法務省への行き来や裁判などの活動をしていく中で、若い頃から貯めてきた貯金もなくなった。裁判所の前でビラ配りをした時は、小さなかわいい子どもたちが道行く人の目にさらされることがとてつもなく辛かった。

「普通の家族に」

「当たり前の幸せを」

そう訴えるたびに、自分たちは「普通じゃない」「当たり前じゃない」のだと思い知らされる。

さらし者になるのが嫌なくせに、新聞やネットの記事で良と子どもたちの関係だけがクローズアップされると、何だかひとりだけ置いてけぼりを食らったかのような気持ちになったこともあった。

度々の会見には家族みんなで臨んだが、良が話している間、二人の子どもをみているのも、正直辛かった。東京へ向かう新幹線で、ぐずつく生後三か月の長男をかかえて、車両の連結部分で突っ立っていたこともあった。

いつも「もうやめたい」と思い、いつも「もっとがんばらねば」と自分を奮い立たせた。良と一緒に闘っていくと言いながら、どこかで逃げ出したい自分がいて、心がぐちゃぐちゃになっていた。

自分の行動と気持ちが矛盾している。

どうしていいかわからなかった。でも、時間は過ぎていく。

私は、常に「今」からぬけ出したかった。

そんな辛かった日々もすべて、この最高裁の決定で報われた気がした。
重い荷物をやっと手放せたような、ホッとした気持ちになった。
私は「今」からぬけ出せたのだと思った。

そう。「嬉しかった」のではなく、私は真っ先に「ホッとした」のだった。嬉しいという感情は、だいぶ後から湧いてきた。

良はいつでも、間違ったことは「間違っている」、正しいことは「正しい」と言葉と態度

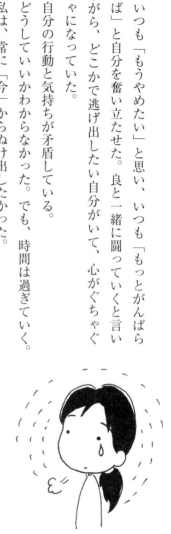

で示してきた。周りからどんな目で見られようと、自分の信念を曲げなかった。良のそういうところが、私は自分にはない部分で「すごいな」と感じていて、同時に重荷になったこともあった。

でも今、ついには世間と法律までも巻き込んでその信念が認められたこと、それを目の当たりにして本当に彼をあらためて尊敬した。「こうして一緒に歩いてきてよかった」と思った。

私は、とんでもない人と出会って結婚したんだなぁ……。こんな人生、なかなかないかもしれないなぁ。

出会いは八年前。すべてはそこから始まった

最高裁の決定が出るおよそ八年前。良と私は出会った。

（誰？　この子……）

大阪の専門学校時代の友達宅で行われる毎年恒例の新年会に行った時、常連組の数人の友達の中に、知らない男の子がひとり混ざっていた。良だ。

ニコニコとした、気取らない子だった。

その子は私の親友ともいえる友達のひとりと同じ職場なのだと言った。あまりに彼女と仲が良く、よくしゃべっていたものだから、最初二人は恋人同士なのだと勘違いしてしまった。

どんな話をしたのか、そもそも何か話したのか、まったく覚えていない。鍋を囲んで座った場所も、たしか離れていた。

だから当然、当時の私の心の中にも彼は残らなかった、のだと思う。

この時は、彼はまだ性別変更はしていなかった。それでも外見は「立派な」青年であった彼を、私は「男」だと思い込んでいた。

後で聞いてみれば、良にとったら本当に衝撃的な出会いだったそうで、ただただ驚くばかりだ。当時の二人のテンションの、あまりにもの違いに泣けてくる。

そんな、心が大きくかけ離れていた二人の最初の出会いは、特に何か起こるわけでもなく、本当に何事もなく終わった。

それから約一年後に二回目の出会いが訪れた。

やはり、一年前と同じように友達宅での新年会だった。そしてやはり、私はその日のことをあんまり覚えていない。

覚えているのは、その次の日だ。

私は京都に用事があり、友達宅からそのまま電車で向かう予定だった。そうしたら、彼が「送って行く」と言う。

(何でわざわざ?)

少し不審に思った。

でも、電車賃が浮くし、せっかくのご好意だから甘えようと思い、車に乗せてもらった。

私に告白するために彼が私を車に乗せたなんて、私は知る由もなかった。

告白を受けたのは、私が帰る時間まで車の中で待たせてもらっていた時。それはもう、ただただ本当に驚いた。

「性同一性障がいだ」

……何だそれ?

「胸は一年前に取った」

……わけのわからないことを言っている。

すべてが初めて聞く話で、同時に「好きだ」と言われたこととごちゃ混ぜになって、頭の中が大混乱だった。

「こんな人が実際にいるのか！」と、強い衝撃も受けた。

「性同一性障がい」という言葉を知らないわけではなかった。でも、自分の周りに当事者がいなかったこともあり、ほぼまったくの無知だった。後から思えば、だからこそ、偏見や差別的な感情を持たずに話を聞けたのかもしれない。

当時の私は話についていくだけで精一杯だったが、彼の「気持ち」は私なりに受け入れることができた。

話の中から感じたのは「理不尽さ」「どうしようもない辛さ」「悲しみ」「少し怒りにも似たようなあきらめ」。

子どもの頃からの性に対する違和感、思春期に思い悩んだこと、交際を申し込むまでに「カミングアウト」という壁があること……彼は淡々と話していた気はするけど、私にとったら底なし沼にでもはまったかのようなとても重い内容だった。

彼は、自分ではどうしようもないことに苦しんでいた。彼自身は何も悪くないのに、なぜこんなに苦しい思いをしてこなくてはならなかったのか……?

(それでも、私にこうして今、話してくれてるんだなぁ)

私は、彼の話に心を打たれた。

何かわからないけど、とても感動する映画を見た後のような、胸がいっぱいというか、何とも言えない気持ちになった。

(彼を性同一性障がいだというふうに見ずに、きちんと本人と向き合おう)

今思い返してもよくわからないが、その時、彼を理解しなくてはというおかしな使命感みたいなものまでふつふつと湧いてきていて、当時の私はその思いにとても素直に従った。


彼が、性同一性障がいなのはわかった。

しかしその次、「お付き合い」となれば話は別だ。勢いに任せて返事はできなかった。

(性同一性障がいのことは、まあゆっくり勉強していこう。でも、たったの二回しか会っていないし、大してしゃべった覚えもないのに。いきなり付き合って大丈夫やろか? 家も遠いのに)

当時の私と彼は、電車で二時間くらい離れた場所にお互い住んでいた。

頭の中で、チャリーン、チャリーン……と、電車賃に消えていくお金の音なんかが響いた。

しかもその時まだ、初めましてから数えてたったの二回会っただけ。話が弾んだ覚えもなかった。そもそも、そこまで言うほど話すらしていない。

当然、不安になった。

加えて、私を悩ませたのは……、彼の「マメさ」だった。

実は二回目の鍋パーティーで再会する少し前に、友達経由でメールアドレスを交換していた。アドレスを交換したとたん、彼から頻繁にメールが送られてきた。

「おやすみ～(^_^)」なんて、当時の私が「だから何?」と返事に困るものまであった。

(このノリのメールに、私ついていけるかなぁ……)

本当に、本っっっ当に真剣に悩んだ。

会社員だった私は、数少ない休日を趣味に明け暮れて過ごしていたので、その時間が持てなくなるということなども悩みのタネのひとつだった。

とりあえず、付き合ってみるか！

一週間悩んだ末、とりあえず彼と付き合ってみることに決めた。

考えてばかりでは、結局何もわからなかった。だから、付き合ってみよう。彼と過ごしてみて、気が合わなかったらそれまでのことだ。自分のことを好きだと言ってくれる人を、自分も大事にしようと思った。

彼のことは、付き合っていくうちにだんだんわかっていこうと思い、交際がスタートした。

そうしたら、もしかしたら彼が私に合わせてくれていたのかもしれないが、どんぴしゃな気の合いようで、自分でも信じられないくらいに、会うたびにどんどん彼を好きになった。

彼も私を大事にしてくれた。こんなにも私のことを考えてくれる人とそれまで出会ったことがなく、そこは素直に嬉しかった。何だかもったいないなぁと思うことさえあったほどに。

彼と出かけるのは楽しかった。

家で一緒にいる時も気を遣わずに過ごせた。

私自身は自分の顔や体質にコンプレックスがあって嫌いだったけど、彼はそれを受け入れ

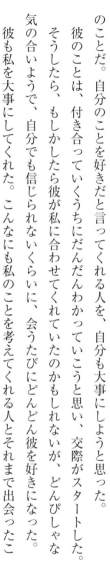

てくれて、化粧っ気のない恋人を嫌がったりもしなかった。

五日間がんばって働いた後の週末が楽しみになった。

「おやすみ～(^_^)」のメールにも、「おやすみ」と返せるようになった。

彼と「恋人同士」だったのはたったの一年間だけだったけど、その間に本当にいろいろなところへ遊びに行った。ユニバーサル・スタジオ・ジャパン、東京ディズニーランド、清水寺、伊賀の里モクモク手づくりファーム。奈良県のお寺を回ったこともあった。

夏には、海や川で泳いだ。といっても、お魚のように潜って泳ぎ回っていたのは彼で、私は浮き輪でプカプカ浮いていただけだけども。

お互いの実家にも行き来し、それぞれの両親とも仲良くやっていた。

かなり早い段階で彼から結婚の話をされたが、「はい」と言うのにそんなに時間はかからなかった。

まだ結婚する前、良から「俺はもう人生半分終わった」という話を聞かされたことがある。彼が二五歳の時だ。

何を理由に五〇歳までしか生きないつもりでいるのかには、その時つっこめなかったけど、彼は「人生半分、苦しいことばかりだった」という。

物心ついた頃から身体と心の不一致に悩み、人に打ち明けられず、また最初のうちは周囲の人の理解もなかったと聞いた。

「何で俺生きとるんやろ」と考えていた。

今に至るまで、私では想像のつかないほどの苦労があったのだと思った。

「私と付き合ってからは？」彼に聞いたら「幸せだ」と返事がきた。何だか嬉しかった。では、残りの人生は、このまま幸せいっぱいに生きていってもらおう。彼がおじいちゃんになって人生が終わる時、「生きていてよかった。幸せな人生だった」と思ってもらいたい。

私はそう思った。この気持ちから、結婚を決めた。

でも、良からの次の申し出は返事をするのに時間がかかった。

あたし、母親になる自信なんてない！

「子どもがほしい」

もちろん、私自身も何となく子どもはほしかったけど、そこまで強く思っていなくて、「性同一性障がいの人と結婚する」と決めた時点で、自分の中で、勝手にあきらめていた。

子ども二人に恵まれた今の私では、とても考えられないことだが、当時の私にとって「子ども」は少し苦手な存在だった。

誰かと結婚して授かればそれでいいかなとは思っても、どうしても赤ちゃんを産みたいという願望は特になかった。

私たちのような夫婦が子どもを持とうとすると、ＡＩＤ（非配偶者間人工授精）をすることになる。

当時、曖昧な知識しか持ち合わせていなかったＡＩＤに対する不安もあり、抵抗もありで、

あまりいい気がしなかった。

そこまでして、子どもを持たなくてもいい。

二人の生活でも十分楽しかったので、ずっと二人で暮らしていけばいいと思っていた。

何より、私は「母親になる」自信が持てずにいた。


子どもの話が出た時、私たち二人は大阪で暮らしていたけど、ゆくゆくは良の実家へ帰ることになっていた。

良の実家の近所では、誰もが良のことを知っている。

良に向かって、性別変更したことを「親不孝者」と言う人もいた。

私も物珍しそうな顔で見られる。ただでさえ「外から来た子」なのに、良の結婚相手はどんな子なんだろうかと好奇の目が向けられて（と感じて）辛かった。

実際、心ないなぁと凹む言葉もいくつかかけられたが、発言した相手も「意地悪言ってやろう」とか「困らせてやろう」とかの気持ちはまったくなく、本心から出てくる言葉だったりする。

そんな、環境だった。

そこで子どもを産んで、その子はどうなるのか。周りはその子を愛してくれるのか。私たちの「家族の形」を理解してくれるのか。

子どもが私たち夫婦のことで心ない差別を受けるかもしれない。そんな時、強く支えてあげられる母親に私はなれるのか。どうしたらいいんだろう。不安がたくさん押し寄せた。

そんな、考えればきりがない不安と、私は向き合いたくなかった。

でも、私はその気持ちを良には言えなかった。

良がどれほど子どもを望んでいるか、痛いほど感じていたからだ。

自分の心の整理がつけられないまま、良からの何回目かの申し出をはぐらかして悶々としているうちに、半年が過ぎてしまった。

その間に、仲の良い友達夫婦にはお子さんができて、それから良はあまりその友達の家に遊びに行かなくなった。

赤ちゃんの顔を見ていると自分の子どものことを考えてしまい、子どもがほしいという気持ちが抑えられなくなるからだと気づいた。

私はといえば、友達の赤ちゃんと接することで「子ども苦手」な意識が少しずつ和らいでいっていた。

しかし良から子どもの話をされると、曖昧なことをウニャウニャ言ってはぐらかすばかりだった。だから良も私に対して強くは言えずに我慢していたんだろう。

このままではダメだ！　良に幸せな人生を送ってもらおうと思って結婚したのに、逆に不幸な気分にさせてしまっている！

とうとう、私はそんなことを思い始めた。そう思ったら、まだ起こっていないことに対してあれこれと考え悩んでいるのがアホらしくなった。

そもそも私だってまったく子どもを望んでないわけじゃない。「子どもがほしい夫婦が子どもをつくる」でいいやん！　という気になり、ようやく、決心がついた。
もう、考えるのは後！　何かが起こってからでいいや！　良もそばにいてくれる。ひとりじゃないし、何とかなるだろう（正しくは「良が何とかしてくれるだ

ろう。言い出しっぺやし」だ)。

ということで、自分の重たすぎるお尻が上がり、私は赤ちゃんを授かるべく産婦人科に通い始めた。


ほどなくして、新しい命が私のもとにやってきてくれた。

妊娠中は、ごくごく普通のマタニティライフを楽しんだ。

お腹の赤ちゃんが大きくなるにつれ、「考えるのは後にしよう」と決めていたはずの不安が、また押し寄せてきた。

「この子が生まれたらどうしよう」

お腹の子や良に対して、こんなことを思う母であり妻である私は、何て失礼で「人でなし」な悪い奴なんだろう。

ごめんなさい。でも、不安なんや。
毎回検診についてきてくれる良とお腹の子のエコー画像を見ながら「楽しみやね」なんて話している時でさえも、心の奥底では、この子が生まれてきて幸せな人生が送れるんかな、自分の勝手で普通の人生が送れないかもしれない子を産もうとしていないかな、などと、いろいろ悩んでいた。

私がどう思っていようが、ありがたいことに、お腹の子はすくすくと元気に育ってくれて、しかも、めちゃめちゃ早くお腹から出てきた。

抱っこした時、二五〇〇グラムに満たない、小さすぎる私の赤ちゃんと目が合った気がした。今まで感じたことのない、とてつもなく幸せな気持ちに包まれて、それまで考え悩んでいたことが一気にふっとんだ。この子に会えてよかった。

「しっかりしよう」

そう、誓った。

子どもが生まれてみたら本当に幸せで、産んでよかった！　と思っている。実は、生まれる前まではこんな気持ちは知り得なかった。

子どもを産んでから気づいたのだが、私は「子ども」のことが大好きだ。自分の子でなくても、「子ども」はみんな、すごくかわいい。

出産の時、破水したのに子宮口が開かず、どんなにがんばっても普通分娩では産めなくて帝王切開となった。

立ち会い出産を楽しみにしていた良は、帝王切開は「手術」になるからと分娩室に入れてもらえず、申し訳ない気持ちが残った。

私の初めての出産は、めちゃくちゃ大変だった。

「母親業」に精を出そうと思ったのに！

そんな思いをしてやっと産んだと思ったら、嫡出子問題にぶつかった。

必死になって産んだ子と「養子縁組」するなんて、とても納得できなかった。でも、それを拒めば、良と子どもは「親子」関係になれない。

どちらにしろ理不尽だ。

そう強く思っていたけど、実際に動くとなったら最初はどうし

ていいかわからず、気持ちが折れそうになった。

というか、折れた。

当時、周りの大人たちは「嫡出子とならないのは当然だ」「結婚できただけでも良しと思え」と言い、「性同一性障がいの人は結婚できるのに、父親になれないのはおかしい」という良の主張を聞き入れる人は、誰もいなかった。

私は私で、気力が湧かず、それに対し反論しなかった。良には申し訳ないことをした。

そんな中でも、子どもは毎日泣いては眠りを繰り返し、母乳を飲んでどんどん成長していく。

周りの大人たちに受け入れてもらえないまま、それが許せない、もどかしい私は、その悲しい気持ちを押しのけて家事をこなし、オムツを替えたり母乳をあげたりする「作業」だけを淡々と進めて過ごしていた。

辛い毎日だったけど、それでも「産まなければよかった」とは思わなかった。逆に子どもの笑顔が、当時の環境で生活していかなければならない私のエネルギーとなった。子どもの存在が、私を、私たち夫婦を幸せにしてくれていた。行動を起こし、闘う勇気もくれた。

だから、私はがんばれた。

嫡出子問題でゴタゴタしていた最中、私は二人目の赤ちゃんを授かった。

「嫡出子問題もあるし、子どもはひとりにしなさい」と誰かに言われた。そうでなくても、こんな状況下にある子どもたちをかわいそうと言う人もいる。

でも、何が「かわいそう」なんだろう？「普通」じゃないから？性同一性障がいの夫婦の間に生まれたから？性同一性障がい者は、子どもを持ったらいけないのか？それを世間が決めるのは間違っている。

その子がかわいそうかどうか、不幸かどうかは、周りが決めるのではなく本人が決めること。本人が何十年か生きた後に自分の人生を振り返り、「自分は幸せだ」と感じられたら、それでいいと思う。そう思えるように、私は親として、精一杯サポートしていくつもりだ。

それに、私は生まれてきた子を、ひとりっ子にはしたくなかった。

「普通」とは違う家族で育つことになる子ども。

「友達」とは違う、血のつながりがどうとかでもなく、同じ環境で、一番近くで、同じように育った存在は必要だと思った。

子どもを産むのは母親である私だけれど、生まれた子の一生にずっとかかわっていくのは、先に死んでいく親ではなく、同じ時代を生きていくきょうだいだ。だから、少なくとも二人。加えて良は無類の子ども好きであるため、「授かれるなら、何人でもいい。たくさんの子どもがほしい」と言う。じゃあ、三人とかかな、と二人で話していた。

そして、二人の子どもを授かった。

かわいくてしかたない子どもたち

私たちは今、四人家族だ。良と私、二人のかわいい子どもたち。

毎日せわしなく、バタバタしながらも楽しく過ぎていく。平日の朝は二人の子どもたちを小学校と幼稚園へ送り出し、良は仕事。休日には家族四人でのんびり過ごしたり遊びに出かけたりする。

私の子どもたちは、二人とも他の同い年の子より言葉の遅れがあ

る。理解力や集中力なども、それぞれ差があったりする。

もう三か月健診の時からずっと保健師さんに検査を勧められていた。

でも「他の子より劣っているから」という言われ方をしたため、私はそれが気に入らなくて、検査に行かなかった。「この子にはこの子の成長のスピードがあるの！」と思っていた。

実際はそうじゃなかった。

私は常に一緒にいるので耳が慣れるのか、子どもたちの発音が聞き取れてしまう。家の中では、会話は成立していた。だから、見落としていた。

上の子の幼稚園で、年長さんの時に担任の先生から「言葉が伝わらないことで、本人が困っています」と言われ、ハッとした。私は何とも思っていないことでも、上の子はずっと苦しかったんだと知った。自分が話したことがお友達に伝わらない辛さを、私はもっと真剣に考えてやらないといけなかった。

「そのうちしゃべりだしてくるだろう」では、もうダメだとわかった。勝手な親の思いで、上の子を苦しめてしまっていた。今までの自分を反省して、病院で検査を受けた。親として

カウンセリングも受けた。

下の子も、それから二年くらいずつ遅れて、だいたい同じようなやりとりがあったが、いったんわかってしまうと、私たち親の対応はとても早かった。

子どもたちへのかかわり方や言葉のかけ方を変えたことで、日々の生活が良い方向に向かった。検査結果が出た時、上の子はすでに小学校に入学していたので、校長先生と一年生の担任の先生を含め、数人の先生で話し合いの場を持ってもらい、学校でも学習の面で手助けをしていただけることになった。

保護者の方々にも事情を説明して、理解を求めた。良が性同一性障がいであることはすでに話していた。良のことを昔から知っている方も、私のように市外県外からお嫁に来た方も、良が「話を聞いてほしい」と言った時、集まってくれて話を聞いてくれて、私は本当に嬉しかった。

「理解してほしいのではなく、知ってほしい」

講演の時でも普段の会話でも、そんなふうに良は言う。私自身、こんなに毎日一緒にいるのに、良のことを「理解しているか」というとそうではない。きっと、一生かけても「理解」はできないと思っている。

でも。知って、受け入れることは誰でもできるはずだ。

だからこの時も、良は子どもたちのことを知って受け入れてもらうためにみんなに話した。話の中で、良が「親が性同一性障がいで人工授精したことと、子どもの言葉に遅れがあることとは、何も関係はありません」と説明していた。

私の中では、そういう可能性を疑う人もいるかもしれないということは考えてもいなかったことで、少しショックだった。

子どもたちのそれは、パッと見ただけでは気づかない。見た目ではわからないというのは性同一性障がいと同じだ。良が感じたように、その内容は違うけれど、二人の子どもたちもこれからの人生で、周りの理解が得られずに苦しい思いをすることがあるかもしれない。私が母親としてこの子たちにしてあげられることは何だろう。

この先どんなことがあっても、私は子どもたちの味方で、子どもたちが楽しく暮らしていけるように親としてできる限りのことをするだけだ。

それは、良に対しても変わらない。

他人と違うことがあろうとなかろうと、良は良で、上の子は上の子。下の子は下の子だ。私の、三人に対する愛情は、今までもこれからも変わらない。

どんな人に対しても同じだが、障がいの有無はもちろんのこと、身体の特徴や見た目ではなく、その人の心の中身をきちんと見た方がいい。曖昧な情報で偏見を持つのも控えるべきだ。

世の中の人みんながそうであったなら、良の幼少時代の生活にはもっと楽しい思い出があっただろうし、子どもたちのこれからの人生も不安が少なくなるのになぁと思う。

夫婦って、家族ってそんなモノ

今思えば、良と出会ったその瞬間こそが私の人生の岐路だったのかなとも思えてくる。そして、当時の私は、その自覚すらなく、とても自然に彼と生きる道を選んだ。たくさんの浮き沈みを繰り返し、今の生活に至っている。

良と、大好きな子どもたちの四人家族。

これからもきっと、良のしている講演活動や子どもとのかかわりの中でいろいろな問題にぶつかるだろう。

でもそれは、特に子育てのことなどはどの家庭も同じこと。

それぞれの家庭で、それぞれに向き合わなければならないことはあるはずだ。

私たちはこの世のたくさんの「普通」の家庭と同じように、日々に向き合いながら暮らしていく。


いろんな「家族の形」があって当然だ。

これが、私たち家族の形。


「迷惑かけてごめん」「辛い思いをさせてごめん」と言う良。

ええ、ええ。そうですとも。迷惑かけられてますとも。いつも辛いですとも。

でも。

それが、夫婦でしょ。

それで、いいんです。

第4章
これがボクたち家族のカタチ

ボクたち家族の毎日は、とってもとっても楽しいよ！

ボクは、お兄ちゃんとしょっちゅうケンカする。いつも負けちゃうけど……お兄ちゃんのことが大好き！

ママはね、わりとよく怒る。怒ると恐いから、いつもボク、泣いちゃうんだ。でも優しくて、ウルトラマンとか、ドラゴンボールとかの絵を描いてくれるよ。

パパは、おもしろい。寝る前とかに、一緒に「たたかいごっこ」するのが好き。肩車とか、「たかいたかい」してくれるのもすごく嬉しいんだ！

お風呂の時間

お兄ちゃんとボクが大きくなってきたから、パパは、自分のことをと伝えなきゃって思っているみたい。

「僕たち家族がここで生きていくためには、自分で道を切り開いていかないといけないいんだよ」

ボクには、まだその意味がよくわからないけど、ね。

パパ、そんなんじゃなくて、おもちゃのお話をしようよ！


今住んでいるところは、パパが生まれ育った田舎。

パパの小さい時を知っているお友達やおばちゃん、おじちゃんたちから、お兄ちゃんやボクに、変なうわさや間違ったことが伝わらないか。

少し心配しているのかな。

ボクたち二人は、パパと一緒にお風呂に入る。

パパはガーゼをふくらませてくらげをつくってくれたり、湯船に浮かんだおもちゃで遊んだりしながら、こんなふうにボクたちにお話ししてくれる。

「パパは昔、ママと同じ身体やった。神様が間違えてママと同じ身体にしてしまったから、パパは、おっぱいを取って今の身体になったんやで」


お兄ちゃんは、「ふ～ん」と聞いていた。

パパはそれから、何回かその話をするんだ。

「前にも言ったけど、覚えてる？」と聞かれる。お兄ちゃんは「うん。覚えとるで。パパ、昔、ママと同じ身体やったんやろ」と答えていた。ボクは、本当はあんまり覚えてないけど、お兄ちゃんのまねして「うん。わかっとーで」と言っちゃった。

パパは、ボクたちに、いろんなことを少しずつ話してくれている。パパがこんなお話をするのは、だいたいお風呂の時と、寝る前。

お兄ちゃんは、「ボクのパパはパパだけやで」と言っていた。

お風呂屋さんに行った時も、パパが「パパ、他の男の人と違うとこある?」と聞いてきたから、ボクは「何やろ?」って、少し考えた。ボクが何か言う前にお兄ちゃんが、「かお」って答えた。

そんな時、パパは嬉しそうな顔をしていた。

パパは、こんなことも言っていた。

「あんなぁ、男の人は、おちんちんがあっておっぱいがない人だけが、男の人じゃない。女の人も、おっぱいがあっておちんちんがない人だけが、女の人じゃないんだよ。見た目で決めつけたら、ダメなんだよ」

パパは、「おっぱいがあって、おちんちんがない」男の人だったもんね。

パパはこうやって小さいうちから話すことで、ボクたちに、世の中にはいろんな人がいるってことをわかってほしいんだって。

でもね、パパのお話は難しくて、ボクわかんないや。そのうち、わかってくるのかな。

パパは講演活動を始めたよ！

裁判が終わってしばらくした頃、パパは仕事をしながら、いろんなところで本格的に講演活動を始めた。

何のって？

周りの人、学校の先生や子どもたちに、「多様な性」、いろいろな人がいることを伝える活動だよ。

見た目の性にとらわれずに、自分の本当の気持ちに沿った、いろんな生き方があるってこと。いろんな性があるってことを伝えている。

うわさや、テレビで放送されていることだけじゃなくて、生の声を聞いてほしい。正しい知識や情報を知ってほしい。だから、話すんだって。パパは張り切っていた。

学校の先生には、授業の中に多様な性のことを取り入れてほしい。いろんな性に悩む生徒がいたら、その声を聞いて助けてあげられる先生になってほしい。高学年の生徒さんに授業もしているんだ。

地域の人たちの場合だったらね、「こんな人もいるよ」ってこと。どういう時に困って、何に不自由さを感じるか、などをパパ自身の経験を混ぜて話すんだ。

新聞やテレビの取材も、まだ時々受けているよ。裁判していた時、決定が出るまでは、顔を出してはいなかったけど、最近は顔も映されるようになった。

パパは若い頃、自分の周りの人にでさえ、カミングアウトをなかなかできなかった。何で、今、自分から話すようになったんだろう?

「パパの大好きな、二人のためだよ」と、パパは言った。

「僕らのような夫婦の間にできた子どもたちが、窮屈で生きにくい世の中になってしまったら、嫌やん。普通じゃないから、といっていじめられたり、受け入れられなかったりするなんて、嫌やん。

何より二人が、友達や周りの大人から『お前の父ちゃん、昔は女やったんやってな』とか言われたりして、嫌な思いをするかと思うと、パパも悲しい。そんなことのないようにしたい」

パパ、そんなことを考えていたんだね。

そんなこと、言う子いるのかな？　今はまだ、誰にも言われたことないけどね。


「あ、でも結局は、自分のためかも」

パパは言う。

「パパなぁ、自分を隠して生きていくのもしんどくなったんや。カミングアウトしたらしたで、差別や偏見を受けるけど、何も言わずに隠して生きていたって、差別や偏見はあるし、辛い。


どっちにしても、パパは辛い思いをする。


パパは、ママと会うまで、自分で自分のことを受け入れられていなかったんだ、と思う。

ママと出会って、初めて自分と向き合って受け入れることができたんや。

そして、二人の子どもを授かって父親になった時、自分の姿に自信を持ってさらけ出す覚悟ができた」

そうなのか～。

「自分らしく、ありのままに生きる。隠すより、さらけ出して生きる。自分が女性として生きた過去も、それはそれでよかったんじゃないかって。人生二倍経験できたんじゃないかって。そう、思えるようになったんだ。

講演を通して、自分自身を見つめ直すこともできるし、聞きに来てくれた人から優しい言葉をかけられて、パワーも、もらってる。

ちょっと前まで、否定的なことを言われ続けてきたパパにとって、優しい言葉をかけられるのは、本当に嬉しいし元気が出るんや」

パパ、ちょっと難しく考えすぎじゃない？　ボクやお兄ちゃんにとったら、パパはずっとパパだから、あんまり難しいこと考えてない。

ボクたちにとって、パパがパパであることは「普通」なんだ。

「まあ、今、楽しいと思えることを、楽しんでパパはやっとるんや！」

あ！　それは、わかる！

パパが、何だか楽しそうだから、それでいいや。

ボクだって、楽しいことしたいもんね！

「だから二人も、この家族の形を恥ずかしいなんて思わずに、楽しく、堂々と生きるんやで」

講演活動のあれこれ

ある町に講演に行った時、パパ、嬉しいことがあったんだって。

その日ボクたちは、パパのお話の間、となりの部屋でパズルを出してもらって遊んでいた。

講演を終えたパパが、部屋に入ってきた。

そしたらママがね、大きな声で言ったんだ。

「何、なに？　何か良いこと、あったん？」

ママのその声を聞いて、ボクは、初めて顔を上げてパパの顔を見た。

そしたら！　めちゃくちゃニコニコしていて、楽しそうだったんだ！　ママは「今まで見たことない顔して入ってきたなぁ」と声をかけていた。

「そぉ？　えへへ」

パパはニコニコ顔のまま、いつものように「長いこと待ってくれてありがとう」と言った。

その日の講演は満席で、しかも、パパがびっくりしたって言っていたのは、席が前から埋まっていったこと！　講演会場って、たいていの場合、用意されている席は、パパから遠い場所、後ろの席から埋まっていくんだ。

だけど、この日は違っていた。パパの話を聞くんだっていうみんなの気持ちが、パパに伝わってきた。パパは胸が高鳴って、自分の心がウキウキするのがわかったんだって。

もちろん、どんな会場に行っても、パパがお話しする姿勢は変わらないけど、この町のよう

に「聞きたい」気持ちが感じられる場所は、本当に嬉しいって、パパは言った。

講演活動をしていて、パパが聞くのは嬉しい言葉だけでもない。人ってそれぞれ考え方が違うのは当たり前なんだから、当然、パパのしていることに対して良く思わない人もいる。

「私はやっぱり、子どもたちがかわいそう」

こんなことを言うおばあちゃんもいた。

人の性別が男と女しかなかった時代、今よりもっと、男の人と女の人の役割がはっきり分かれていた時代を生きてきた人。

このおばあちゃんの言う「子どもたち」って、ボクとお兄ちゃんのこと？

ボクたち、かわいそうじゃないよ！　ボクは叫びたくなる。

いろんな思いがあって当然。この世の中には、たくさんの人が生きているんだから。

だから、パパが講演で話すことも、これが正しいと言いたいわけではなくて、こういう人もいるんだ、こういう家族もいるんだって、そんなふうに聞いてもらいたいんだって。

パパがする講演会は、遠くの場所ばっかりじゃない。近くでもやるよ。ボクが住んでいる田舎でも、人権がテーマになっているフォーラムなどがあって、そこでもパパはお話ししてる。

テレビで見たことある人たちが、たまにやってくる。パパはそんな人たちと並んで舞台に立ち、お話ししてるんだ。

「そうなんよね」「あ、わかるわかる！」なんていう会話がいつもあって、ボクは、この人たちが、パパとおんなじ経験をして、パパとおんなじことを思っているんだなって思った。

こんな時、ボクがいい子で座っていられるのは、ほんのちょっとの間だけ。じっと座ってるのがすぐに退屈になって、ママに「早よ、どっか行こう！」ってお願いする。ママは「もうすぐしたら終わるから！　もうちょいやから！」ってボクを抱っこする。

ちょっとずつ前進だ!

パパが少しずつお話ししてきたことが、形になってきたこともあるんだよ。

学校の先生に何回か研修している中で、その先生たちが、できることから少しずつ変えてくれたこともあるんだ。

お兄ちゃんが通っている学校の帽子は、男の子と女の子の帽子の形が違っていた。パパが通っていた昔から違っていて、パパは嫌だった。

水着は今まで女の子はワンピース型のスクール水着だったけど、女の子も男の子も同じ、ラッシュガードと半ズボンみたいな形に変わった。でも、帽子はそのまんまだったんだ。だから、パパが先生たちにずっと言い続けていたら、ついに男の子も女の子も同じ形の帽子になった。

トイレは、もともとあった車椅子のマークがついたトイレを、校長先生が「だれでも使っていいトイレ」にしてくれたんだ。

卒業式で名前を呼んだ後、「男子〇名、女子〇名、計〇名」って言っていたけど、それも先生たちが「必要ないよね」って、言わなくしたんだって。

パパは、先生たちから気づいて変えようと努力してくれたことが、本当に嬉しかったんだ。パパの思いが届いたんだね。

そんな先生たちが増えたら、ボクも嬉しいなぁ。だって、これはパパだけの問題じゃなくて、みんなの問題だと思うから。


「男の子」「女の子」っていう言葉や分け方に、戸惑っている子が、今この瞬間にもきっとどこかにいるはずなんだ。

誰にもその気持ちを言えずに苦しんでいる子が。


男の子だからって、女の子だからって、何かが決まるわけじゃない。「これが好き。これが着たい。これで遊びたい」って思いは、その子自身のもの。パパが小さい時だって、「男の子」「女の子」という前にまず、「自分の好きなもの、好きな色、好きな服」で生活したいって思いがあった。

それが個性だもんね。
みんながそう思うようになったらいいのになぁ。
パパが悩んで辛かった時代にはできなかったけど、これからの子たちは救われるからって、
パパはがんばってる。
パパからお話を聞いたみんなの気持ちや考え方が、もっともっと変わっていってくれると
いいなぁ。

この人と結婚したんやから、しゃあないか！

そういえば、ママが言ってた。

ママは、パパが講演活動をするって決めた時、最初は反対だったんだって。

写真に撮られたり、テレビに映されたりするのが嫌なママだったけど、そんなことに、
ずっと耐えていた。

最高裁の決定が出て、やっとマスコミや自分たちを見る目から解放されたと思ったのに。

やっとこれから静かに暮らせると思ったのに。何で、またわざわざ自分から表に出るような

ことをするんだ、って。

裁判中、パパと一緒に講演活動や、裁判所で意見陳述っていったかな？　気持ちを訴えることを、いっぱいいっぱいしてきたママ。本当はね、そんなことするの、嫌だったんだって。でも、家族のためにがんばっていた。それは「今は今だけ。いつかは終わる」と思っていたからなんだって。


講演活動の中で、パパが取材を申し込まれると、結局ママも、一緒にお話ししたり写真に写ったりしないといけなくなっていく。

「もちろん、回数はだいぶ減ったし、あたしも気持ちがドッシリしてきて、慣れてはきたけどさ」って、ママは言った。少し強がりながら、なのかな。


ママはね、今でも取材を受けると、時々「あぁ、この世の中で自分たちは、まだまだマイノリティなんだなぁ」って、すごく実感するんだって。

それが、何とも言えないって、寂しそうに笑った。

だけど、そんな時、こう考えるんだ。

「パパはこの、自分たちがマイノリティである世の中を、普通じゃない家族だからメディアに取り上げられるような世の中を変えるために、講演活動してるんだ」

ママ、パパってそんなところがかっこいいよ、ね。

「そやね。おとなしく後ろに下がるような人じゃないもんな」


そうやってママもね、一生懸命にお話しするパパを見て、実際にパパの話を聞いて応援してくれる人たちの声を聞いて、だんだん気持ちが変わっていったんだって。

「まあ、しゃあないよな！　あたしが結婚した人がパパなんやから！」
少し開き直り気味にママは、笑い飛ばした。ボクはよくわかんないまま、一緒になって笑った。

キャンピングカーが我が家にやってきた

パパは、思い切ってキャンピングカーを買った。このキャンピングカーに乗って、家族みんなで全国を飛び回るために。

パパの講演にはいつも家族で行っていたから、そのたびにホテルをとったり、講演中にボクたちが待っている場所を探したりしないといけなかった。

パパはもっと手軽に動きたかった。

この時も、ママは最初、反対したよ。

「お金はどっから出るんやぁー!」って。

ローンがどうたらこうたら。生活費が何とかかんとか。大きな声で、早口でまくしたてた。パパ

はがんばって説得していたよ。ホテル代が浮くよ！　とか、お金はがんばって貯めるから！　とかね。

「お金なんて、出ていく時は出ていくし、入ってくる時は入ってくるからさ！」

「はぁっ!?」

ママは、パパのこの一言にも怒っちゃった。

でもね……。ママには悪いんだけど、ボクとお兄ちゃんは、もちろん賛成！　っていうか、もう、早く乗りたい!!

この話が家族会議で出るちょっと前にね、パパがキャンピングカーをレンタルしてきて、プチ旅行に行ったんだ。

ボクとお兄ちゃんは、動くおうちにもう、大興奮！　とっても楽しかったよ！

ドアを開けたらね、小さな下駄箱があって、靴を脱いで入れるんだ。中には机があって、その机がベッドになるんだよ！　テレビもあったし、立っても頭が天井につかないしね！

お兄ちゃんとボクは、こんなにはしゃげるのかっていうくらい、はしゃぎまわった。

そんなキャンピングカーが、ボクたちのものになるんでしょ？　絶対に賛成だよね！

ボクは毎日乗りたかった。だから、ボクも説得したよ。

「ボク、キャンピングカー乗りたい……」って。

結局、パパに押され押されて、渋々と了解したママは、この時も言った。

「まあ、しゃあないよな。あたしが結婚した人がパパなんやから」

でも、笑っていなかった。

キャンピングカーがボクんちに来てから、家族みんなでお出かけするのが今まで以上に楽しくなったよ。パパの講演だって、待ち時間がいっぱいあって大変だけど、車で待っていていよって言われたら、じゃあ、行ってあげるか！　って思っちゃうもんね。

キャンピングカーで寝るのも大好き。ボクとお兄ちゃんは寝ている時もよく動くから、たまにぶつかっちゃうけどね。

最初、グチグチ文句を言っていたママも、何だかんだで嬉しそうに乗っているよ。遠くに行く時も、電車の乗り換えもないし、好き放題移動できるし、好きな場所で寝られる、ってね。

ママは、「パパの」講演活動は、「パパだけの」じゃなくて、家族「みんなの」活動だっていう思いを持っていた。そこは、パパも一緒。ボクたちにとっても、それが当たり前。

だから、何だかんだ言っても、最後には賛成してくれるよね。

今まで電車で移動していた遠い場所にも、キャンピングカーがあればひとっ走りだ。九州にだって、東京にだって、車で行っちゃうよ！東京に行った日には、時間の許す限りお世話になった方々、弁護士の先生たちに会う。そんな時は、いつもパパとママは嬉しそうだった。

パパは、弁護士の先生たちとの関係をすごく大事にしていて、こうやって会っておしゃべりしたり、楽しくご飯食べたりして過ごしている。

だって、この人たちがいなかったら、今のボクたちの生活はなかった。

「ありがとう」を何回言っても、足りないくらい。

パパは、毎年一二月一〇日にお手紙も出しているんだ。家族の写真も一緒に。ボクたちはまだ小さかったからあんまり覚えていないけど、ずっと前から、会うたびに遊んでくれて、優しくしてくれた人たちだ。

だから、ボクたちも嬉しくなる。

この前も、遊んでくれて楽しかったよ！　夜ご飯食べながらいっぱいおしゃべりして遊んで、キャンピングカーに乗って帰ったんだ。帰り道、そのまま寝たら、キャンピングカーの夢を見た。

「キャン太郎」ってママが名付けた、この大きな白い車は、ボクたちにとって「もうひとつのおうち」になった。

幼稚園デビューのお兄ちゃん

ボクが生まれてから、お兄ちゃんはずっと家にいて、ボクと一緒に遊んでいたけど、五歳になる年に幼稚園に入った。

幼稚園の制服を着たお兄ちゃんは、かっこよかった。

お兄ちゃんが幼稚園に行くようになって、ボクはちょっと寂しかったんだ。幼稚園に行っている間、ボクはひとりぼっち。お兄ちゃんと遊べないから。でも、パパとママをひとりじめできたから、まあいっか。それは嬉しかった。パパの肩車も順番待ちしなくていいし、ママはボクだけのためにホットケーキを焼いてくれた。

パパは、お兄ちゃんが幼稚園に行くようになって、成長したなぁっていう嬉しさと、ちょっと寂しさもあったみたい。「これが親になったということ、親にしか味わえない感情なんだなぁ」って、しみじみとつぶやいているのを聞いた。

パパ、何言ってるんだろ？　ボクたちはおっきくなって嬉しいのに。

パパは、幼稚園の行事にも積極的に参加した。いろいろ考えがあったからだ。

パパは、もともと「男（父）だから」「女（母）だから」という考え方が大嫌い。子どものお世話や幼稚園行事に参加するのは「お母さん」で、「お父さん」は仕事に行ってかかわらないという雰囲気が、ボクたちの周りでは一般的だ。でも、パパは、それは違うでしょうって思っている。

市役所からの子育てに関しての電話だって「お母さん、いらっしゃいますか？」とかけてくる。パパは「保護者とか、お父さんかお母さんいらっしゃいますか？　でいいんじゃないの」って、いつもぼやいてた。

パパは、講演会でもそんな話をしてたよ。「男だから」「女だから」何かをするってのは、今はもう違うよって。自分自身が好きなことをすればいい。好きな色を選べばいい。好きな役割をすればいいって。


パパは、お兄ちゃんの同級生のお父さんやお母さんに、ボクたち家族のことを伝えた。

パパは理解してもらおう、とは思ってない。

理解なんてそんな簡単にできない。普段一緒にいるママでさえ、「理解はできん！」って言っているくらいだもん。


でも、「知ってもらうことはできる」って。

パパの生き方や、ボクたちがパパのことで、差別や偏見にあうことは間違っている。うわさだけで判断しないで、ってみんなに伝えたいんだ。

パパは、堂々としゃべっていた。

そのとなりで、ママはハラハラドキドキしていたんだって。だって、聞いた人がどう受け止めるかなんて、わかんないもん。

でも、それからも変わらずにお母さんたちはみんな仲良しだし、ボクやお兄ちゃんが、そのことで意地悪されたり、嫌なことを言われたりすることは、今のところない。

「きちんと伝わったかわからないけど、みんな今までと同じように接してくれているから、ありがたいなぁ」って、パパとママが話していた。

お兄ちゃんのお迎えについていくと、おっちゃんやおばちゃんは、ボクに優しく接してくれたよ。

でもそんなある時、悲しいことがあった。
ボクが大好きな、ピンク色のペンギンのぬいぐるみを持ってお迎えに行ったら、「何で、男の子やのにピンクのぬいぐるみを持ってるん？　それ、女の子の色やで」って言われた。

ボクは、このぬいぐるみが好きなだけなのに……。

パパとママは「これ好きやから持ってるんやで。ピンク色は男の子が持ったらあかんことないんやで」って言ってくれた。

ボクはピンク色のペンギンが好きだから、ずっと持っていて、一緒に寝ることもあったよ。もちろん、ピンクのペンギン以外のおもちゃでも遊んでいるよ。

お兄ちゃんと、お魚や怪獣のおもちゃで遊ぶのも好き。お兄ちゃんと、人形遊びをするのも大好き。

お外で探検もするし、自転車に乗ってお散歩も一緒に行く。ボクはまだ自転車に乗れないから、ストライダーに乗ってついていくんだ。

その時、パパやママは「田んぼに落ちるなよ」とよく言っていた。

何で「落ちる」かって？

ボクのおうちのあるところは、山のふもとなんだ。だから、坂がいっぱいあるし、おうちや畑、田んぼにそれぞれ段差があったりする。ボクんちの前の坂を降りた道路から、さらにもっと下に田んぼがあるんだ。道路にはガードレールもない。よそ見なんかして自転車こいでたら、落ちちゃう。

道路から田んぼまですごい高さがあるから、危ないんだ。

事件だ事件だ！

「危ないぞ」「落ちるなよ」と言われ続けていたある日、事件は起こった。そこにお兄ちゃんが落ちた！

その日は、お兄ちゃんの誕生日だった。

幼稚園のお友達が遊びに来ていて、みんなで自転車に乗って遊んでいたんだ。

お兄ちゃんは友達と先に行っちゃってて、ボクは追いつけなくて、パパとずっと後ろの方にいた。

そしたら、前の方からお兄ちゃんの「パパ、パパ！」って叫ぶ泣き声が聞こえた。

でも、お兄ちゃんの姿がない。パパが田んぼを見たら、お兄ちゃんが落ちていた。パパはすぐに飛び降りて、お兄ちゃんを助けて、連れて上がった。

お兄ちゃんは、「ごめんなさい。ごめんなさい」って泣いてた。お兄ちゃんの腕を見たら、変な形になっていて、パパがママに「救急車呼んで！」と叫んでた。

ボクは、何が起きているのかわかんなかった。

救急車がボクの家に来て、パパとお兄ちゃんは救急車に乗って行っちゃった。病院に着いて、パパはひとり、待合室で待たされることになった。処置室へ連れていかれるお兄ちゃん。

処置室の向こうから「パパ、パパ」と泣く声が聞こえて、パパは胸がはちきれそうだった。いても立ってもいられなくて、「どうなってるのか、早く説明して」と、イライラしていたんだって。

「お子さんの腕は折れていて、このまま放っておけば動かなくなるかもしれないので、今から緊急手術をしましょう」と、先生からパパに説明があった。

手術に関する書類をいろいろ書かないといけなかった。

パパは、「父親と認められていて本当によかった」って、心の底から思ったんだって。他人のままだと、何も書けないし、サインもできなかったから。

ボクも、ママと遅れて病院に行った。パパに聞いた病室に着いたけど、お兄ちゃんはまだいなかった。パパもママも、ボクには何も言わなかったけど、二人がそわそわしているのは伝わってきた。

少しすると、お兄ちゃんが帰ってきた。

口に酸素マスクをつけて、眠っていた。顔は傷だらけで、腕も包帯でぐるぐる巻きになっていた。

お兄ちゃん、パパ、ママと、順番に見てたら、何だかボクは、心臓のあたりがチクチクして、落ち着かない気持ちになった。

もう遅い時間だったから、ボクとママはいったん帰ることにした。ボクは、車の中で寝ちゃった。

次の朝起きたいつものお部屋は、とっても静かだった。

いつもとなりで寝ているはずのお兄ちゃんは、今日はいない。寂しくて、早くお兄ちゃんに会いたかった。

朝、病院に行くと、お兄ちゃんは起きていた。

お兄ちゃんだ！

ボクは、お兄ちゃんの顔を見て嬉しくなった。

包帯がぐるぐる巻かれた手は重そうで、傷も痛そうだった。でも、その日のうちにお兄ちゃんは退院できることになって、みんな一緒に、おうちに帰れた。

幼稚園も少しの間お休みすることになったから、しばらくの間、お兄ちゃんとすごろくで遊んで過ごした。

お兄ちゃんはどんどんよくなっていった。骨をくっつけるために腕に入っていたボルトをぬく手術をして、手を動かす練習も始めて、ゆっくりと、いつものお兄ちゃんに戻っていった。

ボクは、すごく嬉しかった。

やっぱり、いつものお兄ちゃんがいい。

ピカピカの一年生！　粘土工作をしながらがんばるお兄ちゃん！

お兄ちゃんは、大きな怪我にも負けないで、二年間通った幼稚園を卒園した。次は小学校に行く。

ボクはまだおうちにいる。ママと一緒にプラレールで遊んだり、絵を描いてもらったり、お散歩に行ったりする。

お兄ちゃんは、そんなボクをうらやましがっている。お兄ちゃんがいない間に、ママと何して遊んだか、ぜぇーんぶ教えてあげた。

お兄ちゃんは、ピカピカの一年生。新しいランドセルを背負って登校だ。

入学式には、みんなで行った。

緊張していたみたいだったけど、みんなと一緒に並んで入場してきて、さっと椅子に座ったお兄ちゃん。幼稚園の入園式の日より、もっとずっとかっこよかった。

いっぱい教科書をもらっていた。これが、お勉強をするための本なのかぁ。小学生って大変なんだなぁ。

それからのお兄ちゃんの毎日は、お勉強ばっかり。毎朝同じ時間におうちを出て学校へ行く。学校でいっぱいお勉強をする。お家に帰ってからも、宿題があって、お勉強ばっかりだ。

環境の変化がとっても苦手なお兄ちゃん。

小学校に入学したことで、今までと打って変わって変化だらけになった。

学校での決まり事や、授業の科目が分かれていること。上級生やクラスメイトも増えて、お兄ちゃんにはそういった環境の変化についていくことが大変だった。

すごくがんばりやさんのお兄ちゃんは、お友達とも仲良くして、授業も宿題も一生懸命やっていた。

学校が嫌いになって「嫌だ〜。行きたくない」って泣いたこともあった。

パパとママは、どうすればお兄ちゃんにとって良いのかを、いつも考えていた。

お兄ちゃんは、粘土工作がすごく好きで、ずっと粘土を触っていたんだ。

スクールカウンセラーの先生は「この子にとって粘土工作は、気持ちがしんどくなってきた時の、良いクールダウンになるようですね」と、パパやママに話した。

お兄ちゃんにとって、大好きな粘土工作は、それ以外にもすごく大事な役割があったんだね。

粘土工作をしている時のお兄ちゃんはすごく楽しそう。しかもお兄ちゃん、すっごく上手なんだ。

ボクもまねしてつくるよ！　ボクだって負けないぞ！


お兄ちゃんは、粘土で遊びながら、学校のお勉強もがんばった。

春が過ぎて夏も過ぎて秋も過ぎて……、雪遊びが楽しい冬が来た頃、だいたい一年かけて、やっと学校に慣れた。

ボクはといえば、こっちはこっちで、お兄ちゃんが昼間いない生活に慣れた。

でもやっぱり、二人で遊びたいな。ボクは、土曜日と日曜日が来るのを楽しみに待っていたんだ。

ボクはこれが好きなんだ！

クリスマスの日。ボクはサンタさんに、シルバニアファミリーのおうちをたのんだ。サンタさんは、ちゃんと枕元に持ってきてくれた。

お兄ちゃんのとこには、ゲームが届いた。

シルバニアファミリーのおうちでだって、ゲームでだって、お兄ちゃんは一緒に遊んでくれる。楽しい。

でも、大人の人は、ボクがサンタさんにシルバニアの家をたのんだって言うと、笑ったり、「男の子やのに？」と言ってきたりした。

ボクはほしかっただけなのに……。

パパやママは「男の子やからとか、女の子やからとかで、おもちゃを決めなくていい。自分が好きなのをたのみなよ」って言ってくれた。そして、ボクのことを笑った大人の人に「下の子は、今はこれが好きやからいいんやで」と伝えてくれた。

ボクは、ピンク色やかわいいもの、ぬいぐるみやお人形が好き。ウルトラマンやプラレールも好きだけど、ぬいぐるみをおうちに入れて遊ぶのが、特に好きなんだ。心がウキウキワクワクして、楽しいんだ。

お兄ちゃんは、ボクがシルバニアファミリーのおうちやメルちゃんを持って遊んでいても、何も言わないし、「かして」って、お兄ちゃんも一緒に遊んでくれる。たまに嫌なことを何回もしてきて、「やめて」って言ってもやめてくれない時があるから、ボクは困るけどね。

「こうあるべき」って決めつけないでほしいな。

ボクたち、どうやって生まれてきたん?

ある夜、お兄ちゃんが「どうやってボクたちが生まれてきたん?」とパパに聞いたことがあった。ボクたちは川の字になって、布団に入ったとこだった。

パパは「ママのお腹から生まれてきたんだよ」と言った。「お母さんのお腹の中に卵があって、お父さんにも卵があって、その卵が一緒になるんや。

それからお腹の中で少しずつおっきくなって、子どもって生まれるんやよ。

でもな、パパにはその卵がないんや。だから他の男の人の卵をもらって、ママの卵と一緒にしたんやよ。それで、二人が生まれてきてくれたんや」

お兄ちゃんは「ふ〜ん」と聞いていた。

パパが、「パパにその卵がないの嫌？」とボクたちに聞いた。

お兄ちゃんは、「嫌や」って答えた。

パパは、ちょっと焦った感じで、「何で？」

「だって三人目生まれんやん」とお兄ちゃん。

「三人目つくるときもまた、他の男の人から卵もらわなあかんな」とパパが言うと、お兄ちゃんが「うん」と嬉しそうに答えた。

ボクも一緒に「うん」って言った。

「親子や家族は、血のつながりだけが大切じゃないよ」

「愛情を注いで、大切に育てることが大事なんやよ」

パパは教えてくれた。

「血のつながり」って何だろう？　パパに卵がないことを言っているのかな？

ボクには難しくて、ようわからん。

でも、ボクたちのパパは、パパだけだよ。
パパは、難しい話をしょっちゅうボクたちにするけど、毎日こんな話をしているわけじゃない。

次はボクの番だ！ ボクは幼稚園のもも組さん

ボクも、幼稚園に行く日が近づいてきた。行きたい気もするけど、行きたくない気もする。お兄ちゃんが春休みに入った頃、「幼稚園、楽しいで！」と言っていたから、最初は楽しみだったけど、ある日わかったんだ。

ボクひとりで行かないといけないいって！

ボクはそれまで、パパとママと一緒にお兄ちゃんの通っている場所に行けるんだと思っていた。でも違った。お兄ちゃんとは別の場所。パパもママもついてこない。

ボクは「わからない」ことがとっても不安になっちゃうんだ。お兄ちゃんとは別の場所、パパもママもいない場所で、

何が起こるんだろう。

誰がいるんだろう。

ボクは何をすればいいんだろう。

いろいろわからなくなって、そんなことを考えてたら、何だかお腹が苦しくなってきた。

入園式の日。

パパとママと三人で行った。

晴れていたのか曇っていたのか、雨だったのかなんて覚えていない。それどころじゃなかったボクは、幼稚園でこれから何が起こるのか、いろんなことを考えすぎて、またお腹が

苦しくなってきてた。


お友達と会っても、何だか恥ずかしくて、パパのかげに隠れちゃった。入園式が始まって、ボクたち園児だけで前に座らないといけなかったけど、ボクは恥ずかしいし、ドキドキが止まらないし、パパから離れたくなかった。

だから、席にも一緒に座ってもらった。

クラスのお部屋に入ってからも、パパとママのそばにずっとひっついていた。明日からひとりで行くのかぁ……と思ったら、何だか行きたくなくなってきた。

次の日からは、ママが送ってくれた。幼稚園の入り口でママとバイバイするのが、すごく嫌だったんだ。

はじめのうちは心細くて、泣いちゃった。


でも、毎日がんばって行ったよ。

嫌だけど幼稚園に行けたのは、うさぎさんがいたから。幼稚園では、うさぎさんを二羽飼っていた。白いうさぎさんと黒いうさぎさん。ボクは、白いうさぎさんが好き。

朝行ったら、うさぎさんを抱っこするんだ。

うさぎ小屋は、朝おっきい組さんがお掃除することになっている。ちいさい組のボクは、先生に一緒にいてもらって抱っこしていた。

お部屋で過ごしている時、クラスのみんなの中に、なかなか入れなかった。どうしたらいいのかわかんないし、恥ずかしいし……。

でも、お友達が声をかけてくれると、仲間に入れた。お友達と一緒に折り紙したり、おままごとしたり、少しずつ遊べるようになってきたんだ。

幼稚園での生活が始まって最初の頃、お友達と遊んでいる時に、ボクは「何しゃべってるかわからん」ってよく言われた。

ボクはきちんとしゃべっているつもり。

おうちではあんまり言われたことなかったから、びっくりした。何でわかってくれないの？　ってイライラして怒ることもあった。

そんな時は、先生が助けてくれたんだ。「もう一回、ゆっくりしゃべって」と言われたら、ボクもできるだけゆっくり話す。そうしたらお友達にも伝わることが増えた。嬉しかった。

ボクが幼稚園にほんのちょっと慣れてきた頃、参観日があった。

最初、ボクは参観日っていうのがわからなくて、何とも思っていなかった。

お部屋でお友達と遊んでいたら、誰かがやってきた。

お友達のお母さんだった。お母さんたちはどんどん増えていく。そのうちボクのパパとママもきた。

人がどんどん増えていくたびに、ボクの心臓はドキドキした。

たくさんのお母さんたちがボクのことを見る。どうしよう。お歌、うまくうたえるかな？

たくさんお話しできるかな？　いろんなことを思ったら、もっとドキドキした。

パパとママにかっこいいところを見せたいな！　ボクはできるんだってとこを見てもらおうと、一生懸命がんばった。

パパとママには、ボクが無理をしていたことがバレていたんだけどね。

幼稚園から見える山が黄色やオレンジに染まり出した頃、運動会があった。

親子演技は、パパと一緒に出たんだ。

ボクたちがシーツにくるまって隠れているのを、お父さんお母さんたちが探すゲームだった。自分の子どもじゃない子のシーツをめくっちゃうお父さんたちがいる中で、パパはすぐにボクを見つけたんだ。

かぶっていたシーツが取られたと思ったら、パパの声がした。

何でわかったんだろ？　パパに聞いたら、

「そりゃ、わかるよ」って。

「見えてたん？」

「いや、見えてないよ」

じゃあ何でわかったんだろ？　不思議でしかたなかった。

退場の時、肩車をしてもらったんだ。嬉しかった。

パパの頭の上から見た運動場は、ボクが思っていたよりずっと向こうまであって、大きかった。風に乗ってみんなの拍手が聞こえた。

ボクはとっても気持ちよくて、嬉しくて、ずっとみんなの顔を見下ろしていたんだ。

ボクは、幼稚園の生活にだんだん慣れて、楽しくなってきた。
朝も、泣かなくなったんだよ。

ボクたち家族の毎年恒例行事

ボクたち家族が、毎年かならずやっていることが、二つあるんだ。

そのうちのひとつはね、家族写真を撮ること。

ボクたちは一年に一回、お兄ちゃんの誕生日の頃に家族写真を撮る。お部屋には、お兄ちゃんが○歳の時からの家族写真が飾ってあるよ。

それを見てパパは、「みんな大きくなったなぁ。パパは、あ〜、老けた……。髪が……」ってよく言っている。

自分たちで撮るんじゃなくて、写真屋さんで撮ってもらう。

担当の人が、ボクとお兄ちゃんが笑うように、カメラの奥で変な顔をしたり、ぬいぐるみなんかを「いないいないばぁ」させたりするんだ。で、ボクたちは簡単に笑っちゃう。ボクたちは、写真を撮られるの、何だか恥ずかしいから、わざとあっち向いたり、どっかにイタズラしたりしちゃう。でも、「早く終われぇ〜」って思っている。

「そろそろもう、簡単にうちで撮ればいいんちゃうん?」って言うママ。でも、パパは「ずっと撮り続ける!」ってノリノリなんだ。だいたいそんな時、ママはため息ひとつ。「ほな、好きにしないな」って言うんだ。

家族でやることの、もうひとつはね、毎年、夏にやる「KAZOKU展」!

ボクたちの夏休み中、四日間くらいかな。

ボクたちのママはね、アーティストなんだ! すっごく絵が上手なんだよ。お魚の絵が多い。ボクたちが頼めば、妖怪ウォッチとかマリオとか、何でもいろいろ描いてくれるんだ。ママの絵日記には、ボクとお兄ちゃんがいっぱい登場しているんだよ。

「KAZOKU展」は、ママはもちろん、お兄ちゃん、パパ、ボクの四人が描いた絵や、つくったものを展示して、観てもらっているんだ。

パパは「来てくれた人に、僕たち家族の形を観て感じてほしい」って言っていた。

お兄ちゃんは、粘土でつくったキャラクターが多い。

ボクのは、絵もあるし、お兄ちゃんと同じように粘土もあるよ。

ボクたちはおうちで遊ぶ時、ウルトラマンとかのお人形遊びやゲームや「たたかいごっこ」が多いけど、工作したり絵を描いたりもする。

お気に入りのができたら、ママに「これ、ＫＡＺＯＫＵ展用にする！」って言っておくんだ。そうすると、ママが大事にとっておいてくれる。そうやってたまったもの一年分が「ＫＡＺＯＫＵ展」に並ぶんだ。

「ＫＡＺＯＫＵ展」の日が近づいて準備していると、たまに自分でつくったことを忘れちゃってるロボットなんかが出てくるんだ。面白くて笑っちゃう。

パパはねぇ、ひとつはつくるんだけど、そんなに数はない。ダンボールでつくったかっちゅうっていうやつとか、粘土でつくったお魚の作品とかを展示しているんだ。

ボクたちはKAZOKU展の期間中、展示しているギャラリーにずっといる。好きなことをして過ごしているんだ。ゲームとか、お絵描きとか、ウルトラマンや怪獣を持ち込んで「たたかい遊び」をする。お昼ご飯だって食べちゃうよ。ママがお弁当つくってくれるんだ。

パパが言うには、これも「家族の形」っていう、ひとつの作品なんだって。

いろんな人が観に来てくれるし、友達が来てくれる時は楽しい。

これを始めた頃は、知らない人が来るとボクは緊張して、恥ずかしくて、あんまりしゃべれなかった。

でも毎年のことだから、ボクも少しずつ慣れてきた。ボクやお兄ちゃんがつくった作品を観た人が、「すごいね」「上手だね」ってほめてくれると、嬉しい気持ちになった。

嬉しくて、何かくすぐったくて、笑っちゃう。

パパは「何でKAZOKU展を始めたん?」っていろんな人によく聞かれるんだって。

パパはね、まず第一に大好きなママの笑顔を見たくて、ママに喜んでほしくて「KAZOKU展」を考えたんだよ。

ボクたち「家族の形」をみんなに見せるっていうのも、理由のひとつだけどね。

パパとママが結婚して、そしてボクたちが生まれて、ママは大好きな絵を描く時間が減って、展覧会をすることがなくなっちゃったんだ。

パパは、「ママの絵は人を温かくするからたくさんの人に観てもらいたい」って嬉しそうに言っていた。ママがやりたいことをサポートするんだって。

「KAZOKU展」の時もそうだったんだけど、家族でお出かけして帰りが遅くなる時は、お風呂屋さんに寄ることも多くなった。

ボクたちは三人で男湯に入る。

服を脱いでいる時に、ボクは、他の男の人のおちんちんがおっきくて、見えているのが気になった日があった。

何でかなって思って。

「他の男の人、おちんちん大きいけど、パパのはかくれてるよなぁ」ってパパに言った。

そしたら、パパが口を開くより先に、お兄ちゃんが「パパは昔女の人で、ママとおんなじ身体やったやろ」って、教えてくれた。

あっ、そうだった！　そんなこと言ってた！

お兄ちゃんは、ボクの肩をぽんぽんと叩いて「また寝る前に話しよな！」って言ってくれた。

その時のお兄ちゃんは、いつになくまっすぐボクの目を見ていたけど、まるで「今日の晩ごはん、カレーやで」って教えてくれる時みたいに、ほんとに普通に話した。

うん！　お兄ちゃん、何でもボクに教えてね！

ボクは、パパの中学と高校の時の写真を見せてもらったことがある。体操服を着て写真に写っていたのは、男の人に見えたよ。だから、「パパが女の人だった」って言われても、パパが何言ってるのかわかんなかった。

パパが女の人だったのは昔のこと。

お兄ちゃんが、「関係ない」って。「パパはパパだ」って。

ボクだって、そう思っているよ。

ボクたちはボクたち。「ひとつの家族」

パパは、「二人がおっきくなったとき、パパを見てどう思うかはわからんけど、何があっても、胸を張ってそれに答え、向き合っていく」って言った。

「今、お風呂で話してることも、全部覚えてなくったっていい。思春期になって、反抗期があったり、グレたりしたっていい。

だって、先のことは、誰にもわからんもんな。

その時に起こったことに対して、パパは二人と向き合っていくから」

これが、「ありのまま生きる」と決めた、パパの生き方。

そんなパパと一緒に暮らすママ。

二人のことが大好きな、お兄ちゃんとボク。


パパを中心にしていろんなことが起こる。

いろんな場所で、いろんな人に出会うボクたち。

キャンピングカーで、家族一緒にどこへでも飛び回るボクたち。

「KAZOKU展」でたくさんの作品をつくって気持ちを伝える、ボクたち。


ボクたち家族は、みんなそれぞれに「いま」も、「これから」も、いっぱい不安をかかえているし、かかえ続けるだろう。

パパが格闘している問題（敵）は、ボクなんかには想像もできないほど大変。

そんなパパを支えるママは、もっと大変。

お兄ちゃんも、これから、いっぱい問題にぶつかるはず。

ボクも、おんなじだ。

敵は、怪獣より強大。心配や不安だらけ。

でも、それぞれの心配や不安を共有する仲間。時にはぶつかり合ったって、いいよね。

だって、家族だもん。


それが、ボクたち家族のカタチ。


「おまえのお父さん、昔、女やったんやってな」って、ボクに言う子がいたらどうする？

ボク、言えるかな。

でも、言えるようになりたいよ。

こんなふうに。


「そうだよ。『パパは女子高生だった』んだよ」

おわりに――この本を読んでくださったみなさまへ

本を書くにあたり、自分の人生をじっくりと振り返りました。辛かったこと、悲しい思い出、いろいろあった僕の人生ですが、すべてを通して感じるのは、「出会い」が僕にとっていかに大事だったかということです。

妻と出会い、子どもと出会い、応援してくださる方々と出会って、その力に背中を押され、僕はここまで生きてきました。僕に出会ってくれたすべての方々に感謝いたします。ありがとうございます。

これからの若い方々、僕と同じように「性」で悩んでいる方がいたら、どうぞ自分の性に自信を持って堂々と生きてください。たくさんの人と出会ってください。

それから、この本を読んだ方のうちひとりにでも、元気や勇気を与えることができたら、僕は、本当に嬉しく思います。

二人の愛する子どもたちが暮らす世の中が、いろんな性を認め合える、すてきな世の中でありますように。

前田 良

最後になりましたが……

この本を出版するにあたって、Keiさん、Ejima先生には並々ならぬお心遣いとご尽力を賜り、深く深く感謝いたします。

筆者の重たすぎるお尻を叩きながら、本のでき上がるのを今か今かと気を揉みながらも、最後まで手を離さずにいてくださったこと、感謝の一言で表すには足りないくらいです。本当にありがとうございます。

そして、この本の制作にかかわってくれた方々、この本を手に取り、最後まで読んでくださったすべての方々に、心からの感謝を申し上げます。

本当に　ありがとう　ございました。

解　説――多様性が肯定される、誰にとっても生きやすい社会へ

弁護士　山下　敏雅

主文

原決定を破棄し、原々審判を取り消す。

……筆頭者前田良の戸籍中、【長男】の「父」の欄に「前田良」と記載……する旨の戸籍の訂正をすることを許可する。

最高裁判所第三小法廷が二〇一三年一二月一〇日に出した決定です。

「原決定」は第二審の東京高裁の判断、「原々審判」は第一審の東京家裁の判断のことです。最高裁は、高裁と家裁の判断がまちがっているとして、空白だった長男の戸籍の父親欄に前田さんの名前を記載することを認めました。前田さんを父親と認めなかった一審・二審の判断を、最高裁が覆したのです。

一審・二審で敗訴していた事案が最高裁で逆転勝訴するのは、非常に珍しいことです。弁護士人生の中でこれほどまでに貴重な体験を、前田さん一家と、そして弁護団の仲間たちと一緒に得られることになるとは、私が二〇〇三年に弁護士登録をした頃にはまったく想像できませんでした。

私は、弁護士になる直前の二〇〇二年に、あるゲイカップルの事件に接しました。

私が急遽呼び出された病室には、友人らのほかに、酸素マスクをつけた余命数日の日本人男性と、その横でうろたえている韓国人男性がいました。二人は長年寄り添ってきたゲイカップルでした。彼が亡くなれば、パートナーは無一文となってしまいます。「君は法律を学んだのだから、書類に不備がないか見てほしい」それが友人が私を呼び出した理由でした。

二人にはまず養子縁組届に署名押印をしてもらい、さらに、書類の不備で養子縁組が不成立になる場合に備えて遺言も作成することにしました。しかし、わずか数行の遺言を、本人は何度も書き間違えます。見かねた私は「このような場合には、医師と証人がいれば本人が書かなくてもよいという特例がある」と説得しました。しかし、これには私を呼び出した友人らが、自分たちはゲイ仲間であることをオープンにしていないので証人になれない、と反対しました。そうして長時間かかって完成した遺言状は、大きく歪んだ平仮名だらけの「いごんじょう」でした。

養子縁組届と遺言が整い、ほっとした直後に問題が起きました。病床の彼の遠い親戚が病室に到着したのです。親戚らは「死亡直前の状態を利用して不正な書類がつくられた」と騒ぎ出しました。当の本人は疲れで昏睡状態となっており、パートナーも日本語がうまく話せません。友人らがこれまでの二人の関係を長時間かけて説明し、最終的に納得した親戚は、パートナーとともに養子縁組届を提出に行きました。

数日後、その方は亡くなられました。さらに数か月後、私は友人から「実は、パートナーが在留期限を過ぎていたことがわかり、親族は『遺産を全部持っていくなら入管に告発する』と言い出した。結局、パートナーはわずかの金額を受け取って東京から離れていった」という連絡を受けたのでした。

男女のカップルであれば、遺言を書かなくても相続でき、配偶者として安定した在留資格でパートナーと暮らすことができます。しかし、同性同士は、これほどまでに法律で守られていないのです。

この二〇〇二年当時、こうしたセクシュアルマイノリティの相談に応じる国内の弁護士は、国内に数えるほどしかいませんでした。

日本の法律家には、セクシュアルマイノリティの問題が人権課題だという意識自体が希薄でした。裁判所や検察庁でも、また、人権問題に取り組んでいる弁護士たちですら、酒の席でおかまネタ・ホモネタで笑いを取ることが多くありました。

セクシュアルマイノリティの数と生きづらさから考えると、日本で裁判例があまりにも少なすぎることは明らかでした。そしてその原因は、まさに私たち法律家の側にありました。弁護士は、ただでさえ市民にとって敷居の高い存在です。ましてやセクシュアルマイノリティ当事者には、さらに大きなハードルが待ち構えます。弁護士が偏見を持たずに話をきちんと聞いてくれるのか、本当に自分の味方になってくれるのか。そういう強い不安が、法律相談をためらわせます。この「いごんじょう」の事件があった当時、セクシュアルマイノリティの法律問題の最も重要な課題は、「当事者がどの弁護士に相談すればよいかわからない」という状況を解消することだったのです。

そこで私は、「全国どこの弁護士もセクシュアルマイノリティの法律トラブルの相談をきちんと受けられるようにしたい。そして、社会の差別偏見をなくし、生きづらさをなくしていきたい」という思いで、二〇〇七年にＬＧＢＴ支援法律家ネットワークを立ち上げました。ＬＧＢＴという言葉が社会にはまだまったく認知されていない時期のことでした。ゲイ・レズビアン・バイセクシュアルという性的指向は法律ではまったく無視されていますし、性自認については二〇〇三年に性同一性障害特例法が制定されて一定の条件を満たしたトランスジェンダー／性同一性障がい・性別違和の当事者が自分らしく生きられるようになったものの、課題が多く残っています。そうしたセクシュアルマイノリティの法律問題に取り組むためのネットワークとして、当初は法律家メンバーが弁護士五人・行政書士二人しか集まらない状態でスタートし、その後ゆっくりと輪を広げていきました。

前田良さんが私の事務所にいらっしゃったのは、そのネットワーク立ち上げから四年後の二〇一一年のことです。長男が二年間無戸籍のまま事態が動かないため、東京で裁判を起こすことを決意し、セクシュアルマイノリティの問題に取り組んでいる弁護士がいると紹介を受けて、上京してきたのでした。

前田さんを父親とする長男の出生届を受理しない役所の対応は、どう考えても、性同一性障がい者に対する差別でした。

民法という法律の七七二条には、「妻が婚姻中に懐胎した子は、夫の子と推定する」と書かれています。「嫡出推定」と呼ばれる規定です。この条文をそのまま読んで当てはめれば、前田さんの場合も、結婚している妻が妊娠して出産した子どもなのですから、前田さんが父親として扱われなければならないはずです。

生物学的なつながりがなくても法律上の父子関係が成立しうることは、明治時代からずっと続いてきました。夫が一年以内に「自分の子どもではない」という嫡出否認の訴えを起こさなければ、生物学的なつながりがなくても法律上の父親になるのです。第三者精子提供の人工授精は、もともと夫が同意した上で行われています。これまで多くの不妊の男女の夫婦がそうして子をもうけていますが、そのすべてがこの民法七七二条で「夫＝父」とされてきました。それなのに、前田さんのような性同一性障がい者の時だけ「血のつながりがないから適用しない」とする行政の対応は、明らかな差別です。

そして何よりも、性同一性障害者特例法の制定によって、前田さんに「男」となることが認められ、結婚して「夫」となることが認められたにもかかわらず、「父」になることが認められないのは、本来の性で自分らしく生きられるようにする特例法の趣旨に明らかに反しています。私は弁護士として児童虐待のケースに日々接していますが、血のつながりや法律上の親子関係がありながら虐待する家族がある一方で、真摯に家族をつくりたいと願い、子どもを心から愛している前田さん一家を家族と認めないことは極めて理不尽だと強く感じていました。

私はＬＧＢＴ支援法律家ネットワークの内外に呼びかけ、一五五名の「ＧＩＤ法律上も父になりたい裁判弁護団」を結成しました（ＧＩＤは性同一性障がいのことです）。実働メンバーは東京・大阪・名古屋の十数名で、そのほとんどが法科大学院を卒業したばかりの弁護士登録一年目から三年目の若手でした。

東京で裁判を起こすために前田さんの戸籍を新宿区に移し、改めて出生届を提出しました。兵庫・大阪では長男が無戸籍のままでしたが、新宿区は父親欄を空白にした長男の戸籍を職権でつくってしまいました。そこで、父親欄に前田さんの名前を書くように求める「戸籍訂正許可審判」を裁判所に申し立てました。

ところが、一審の東京家裁と二審の東京高裁は、前田さんの訴えをわずか数ページで退けました。生殖補助医療の場合に民法七七二条は適用できない、性同一性障がい者は生殖能力がないことが明らかだから不妊の男女の夫婦と違う扱いをしても差別ではない、というのが、その理由でした。

あきらめずに最高裁に抗告し、その結果を待っている間に、別の裁判も起こしました。前田良さんが原告、二男が被告となって、親子関係があることをお互いに確認するという訴訟（親子関係確認訴訟）を大阪家裁に提起したのです。原告・被告間に争いのない、不思議な訴訟です。しかし、裁判所はそれも認めない判決を言い渡し、大阪高等裁判所で引き続き審理が行われていました。

そうした中、二〇一三年一二月一〇日、長男の戸籍訂正許可審判について、最高裁第三小法廷が、前田さんを父と認める逆転勝訴決定を裁判官三対二の僅差で言い渡したのです（二男の大阪の訴訟は取下げにより終了）。公開の法廷で言い渡される訴訟の判決日が予め知らされているのと違って、非公開である家事審判の決定は、郵便で私の事務所に突然届きました。私は決定の主文を読んで胸が熱くなり、急いで前田さんに電話で報告しました。新聞やテレビが大きく報道し、翌日の記者会見には多くの記者とテレビカメラが押し寄せました。

国会は、二〇〇三年以降、生殖補助医療についての立法の議論を放置してきました。行政も、前田さんの件が生じた直後には法務大臣が「早急に改善に取り組みたい」と述べていましたが、その後一転して「当初の認識が十分ではなかった」と翻し、方針が定まらないまま、何年間も動きませんでした。そのような中、人権の砦である司法が、真摯に家族をつくろうとしている前田さんたちを家族として認め、多様な家族のあり方を肯定したのは、とても大きな意義のあることでした。

そして、おかしいことにおかしいと声を上げて闘い、社会を変えることの大切さを、セクシュアルマイノリティ当事者も、それを支援する私たち法律家も、前田さんが裁判で闘いぬいた姿を目にして、互いに深く実感することができたのです。

この前田さんの最高裁決定以降、セクシュアルマイノリティの人権問題に取り組む法律家は、格段に増えました。そして、当事者が生きづらさに対して声を上げ、裁判で訴えるケースも増えました。二〇一九年には、日本人・台湾人のゲイカップルの在留資格訴訟の判決前に国がギブアップし、台湾人男性に在留特別許可が認められる、という成果も出始めていま す。今、こうして日本でセクシュアルマイノリティの法的状況の改善が進み始めていますが、その最初の大きな一歩を前田さんが踏み出してくれたのです。

前田さんの裁判の弁護団は、お互い初めて顔を合わせる人がほとんどの若手が多く、そして本当に多様なメンバーが集まっていました。その弁護団が力を合わせて最後まで裁判に取り組み、そして良い成果を上げることできたのは、セクシュアルマイノリティに対する社会の差別偏見への怒り、理不尽な行政の対応への憤りがもちろん原動力となっていましたが、それ以上に何よりも、前田さんの誠実な人柄によるところが大きかったと実感しています。

幼い頃からの自らのセクシュアリティの苦悩を乗り越え、最愛のパートナーと出会い、温かい家族を築いていく。自分自身とパートナーと子どもたちの人生に真摯に向き合う前田さんの姿勢、そして、おかしいことに「おかしい」と声をあげて闘い、家族を守る真剣なまなざしが、若い弁護団を勇気づけていたのです。

最近、セクシュアルマイノリティの家族の存在に対する社会の認知が進むにつれ、抽象的な議論も多く目にするようになりました。しかし、「家族とは何か」ということは、前田さんのように、一人ひとりの具体的な人生・生活の話から出発して、感じ・考えるべきものです。前田さんの家族の温かさを、伴走してきた私たち弁護団はいつも実感していました。その私たちと同じように、みなさんにもぜひ、この本を通して、前田さんの家族の温かさを実感していただきたい、法律上家族として扱われることの意義を実感していただきたい、と、強く願っています。


誰もが一人ひとり大切な人間として尊重され、差別されないこと。安心した毎日の暮らしと幸せな人生を送ることができること。人が生まれながらにして持っているそれらのこと、すなわち人権は、性という人として非常に大切な局面でも、必ず保障されるべきものです。セクシュアルマイノリティ「当事者」という言葉がよく使われますが、マジョリティも含めて、性はすべての人が当事者です。一人ひとりが尊重される、多様性が肯定される社会は、誰にとっても生きやすい、より良い社会となるはずです。

そして、「家族とは何か」は、議員や学者などの偉い人たちが勝手に決めるものではなく、この社会の私たち一人ひとりがどのように考えるかということと密接につながっています。前田さんのケースで最高裁で逆転勝訴したのも、「前田さん一家が家族して扱われないのはおかしい」と感じ、多くのみなさんが応援・支援してくださったからこそでした。

セクシュアルマイノリティも、そうでない人も、すべての人の人権が保障される社会となるよう、この本をご覧になったみなさんとともに、これからも取り組んでいきたいと思っています。

著者紹介

前田 良（まえだ・りょう）

Like myself 代表。妻と子ども2人の4人家族。

1982年、兵庫県に「女性」として生まれる。小さい頃から性別に違和感を持っていた。

2008年、戸籍上の性別を「男性」に戻して結婚。AID（非配偶者間人工授精）により子どもを授かるが、出生届が受理されず、東京家裁に「戸籍訂正許可申立」を行い、裁判を始める。

東京家裁、高裁では「血縁を大事に」し却下、棄却されるが、最高裁で逆転勝訴。「性別変更した夫を父親として認める」という画期的な決定を手にする。

現在は、多様な性について「間違った知識ではなく、本当のことを伝え知ってもらう」ため、行政職員、教職員や保護者、子どもたちを対象に、各地で講演活動を展開。全国を家族とともに走り回っている。

パパは女子高生だった

女の子だったパパが最高裁で逆転勝訴してつかんだ家族のカタチ

2019年10月1日　初版第1刷発行
2024年6月20日　初版第2刷発行

著　者　　前　田　良
発行者　　大　江　道　雅
発行所　　株式会社　明石書店
〒101-0021　東京都千代田区外神田6-9-5
電　話　03（5818）1171
FAX　03（5818）1174
振　替　00100-7-24505
https://www.akashi.co.jp/

イラスト・装画　AKIMI
装丁　清水 肇（prigraphics）
印刷・製本　モリモト印刷株式会社

（定価はカバーに表示してあります）　ISBN978-4-7503-4895-7

トランスジェンダー問題

議論は正義のために

ショーン・フェイ［著］
高井ゆと里［訳］　清水晶子［解説］

◎四六判／並製／436頁　◎2,000円

トランス女性である著者が、トランス嫌悪的な社会で生きるトランスの現実を幅広い分析によって明らかにする。トランスジェンダーの実態を顧みない差別的な言説が拡大される中、事実に基づいて開かれた議論を展開する画期的な一冊！

●内容構成

〈価格は本体価格です〉